子どもの本の道しるべ

斎藤　次郎

子どもの未来社

＊本文中の引用については、読者の便宜を考え、読みやすいように
分かち書きをつめるなどの表記にしています。

はじめに

子どもの本を読むたのしみの第一は、読みはじめて間もなく作品の世界に没入できることです。そこに登場する子どもたちの活躍や苦悩にひきつけられ、彼らと共に作品世界を生きているうち、いつしか自分がおとなであることを忘れてしまいます。

おとなの自分のことより、クマの子がいま直面している問題や、衣装ダンスの奥にひろがる冬の森の方がよっぽど切実に感じられるのです。

やがて深い陶酔からさめて現実にもどると、さっきまで自分と共に生きていた子どもたちを、少し冷静に見つめなおすことができるようになります。そして自分をあれほど熱中させた物語の書き手のことに、ようやく思いが至ります。

ケストナーやローベルがどんな体験や思考をとおしてエーミールやがまくんを造形するに至ったのかを考えてみます。

先人たちが、子どもをどう発見し、とらえなおしたか。そんなことを考えていると、子どもの本を読んでいるのか、子どもという存在を読もうとしているのかわからなくなってしまいます。

もくじ

絵本より

物語より

まずは、エーリヒ・ケストナーの作品より

ケストナーの本を読んでいると、一瞬のことですが自分がいまでも子どもであるかのような錯覚を覚えることがあります。本の中の子どもたちの言動に自分を重ねずにはいられないのです。このケストナーの魔法は、彼自身の子どもへの強い共感に根ざしています。彼は読者である子どもに本気で訴えかけ、はげまし、喜ばせます。そして、物語の奥の方から登場人物ごしに読者を見つめているような気がします。その気配だけで、ぼくは安心して物語の進行に身をゆだねることができます。

エーリヒ・ケストナー（1899 - 1974 年）

『動物会議』（1949 年）

『エーミールと探偵たち』（1928 年）

『飛ぶ教室』（1933 年）

『ふたりのロッテ』（1949 年）

『動物会議』

子どものための本を書くとき、作家たちはまず読者をたのしませたいと強く思います。たのしくない本は終わりまで読んでもらえないからです。そして、そのたのしい本の中で何かしら大切なことを伝えようと考えるはずです。

ケストナーの『動物会議』は、子どもの本のたのしさと作家からの真剣なメッセージとがひとつになって実現したみごとな例だとぼくは思います。漫画みたいなコマ割りの美しい絵物語は、戦争のない世界をつくるためにはどうすればいいかを、だれにでもわかる明快さで示しています。

いま、子どもの本を紹介するにあたって、その最初の一冊に、この本以上にふさわしいものはないと思うのです。

■ライオンの怒りから始まる

『動物会議』が出版された一九四九年、東西に分割されていたドイツはそのままふたつの国家として分裂し、冷戦とよばれる新たな国際緊張の火種のひとつとなりました。あのヨーロッパとアジアを破壊しつくした世界大戦がようやく終わってわずか四年後のことです。

まさにこういうときにケストナーは、地球上のすべての動

『動物会議』
エーリヒ・ケストナー／作
ヴァルター・トリアー／絵
池田 香代子／訳
岩波書店　1999 年
(初訳／光吉夏弥、1954 年)

物たちの代表が会議を開き、「子どもたちのために」人間に軍隊と国境の廃絶を迫るという奇想天外な物語を出版したのでした。

「子どもたちのために」というのが動物会議の唯一のスローガンなのですが、この「子ども」とはライオンやキリンやウサギの子どものことではなくて人間の子どもなのです。人間の子どものいのちと幸福のために、動物たちは人間のおとな（特におえらいさん）ときびしく対立することになったのでした。

発端は北アフリカのチャド湖のほとりで、ライオンとゾウとキリンがおちあった折のことでした。三頭は週末「いつもいっしょに一杯やる」仲よしなのです。世間話を始めると突然ライオンが「まったく人間どもったら！」と怒りだしました。「戦争をやろうっていうんだ。それから革命、ストライキ。食料危機にあたらしい病気もだ」

怒り狂うライオンをキリンがなだめます。するとゾウがつづけます。

「かわいそうなのは、子どもたちだ。（略）いい子たちなのになあ！　戦争だ、革命だ、ストライキだって、いつもひどい目にあうのは、子どもたちだ。なのにおとなはいつだって、子どもたちの未来のためにやった、なんて言う。ずうずうしいと思わないか？」

では「子どもたちのために」何をなすべきか、いくら考えてもよいアイデアは浮かびません。しかし翌朝早くゾウはねぼけまなこで六本の国際電話を申しこみ、南アメリカのバク、オーストラリアのカンガルー、北極の白クマ、中央ヨーロッパのフクロウ、アジアが縄張りのネズミ、北アメリカの雄牛に、「動物会議を開こう！」と提案しました。

この電話がもとになって、すべての大陸の動物たちの連絡網が作動しはじめます。鳥や魚や虫たちも含めて

「きょうからきっかり4週間、動物ビルで会議があるぞ！」の伝言が、地球のすみずみまで周知徹底されます。

■動物会議vs人間会議

動物たちがなぜそんなに人間の子どもたちのことを心配するのか。ケストナーはその理由をはっきり書いていません。森やサバンナに棲む猛獣でさえ人間が使う銃器や毒ガスの前では全く無力です。ましてや、もっと力のない小鳥や魚や小動物にとっては、人間はいついのちをねらってくるかわからない危険な存在です。にもかかわらず、子どもたちは動物が大好きです。人間という生物は、おとなと子どもとでは全く違う性向をもつものなのだと動物たちは考えているのかもしれません。自分たちと同じように無力なのに、あの危険なおとなといっしょに生きなければならない人間の子どもたちは、おとなにかどわかされた仲間のように思えたのではないでしょうか。

そして、動物たちは自分の子どもをしっかり育てていると自負してもいたでしょう。「子どもたちの未来のために」戦争をくり返す人間ほど愚かではないと。むろん、動物の口を借りて語られるこのおとな批判は、すべてケストナーの本心なのです。

四週間のうちに動物たちは種族ごとに代表を選び、動物ビルに送りこみます。二百種をこえる代表が一堂に会した最初にして最後の動物会議がついに開催されます。表情豊かに代表たちを描き分けたトリアーの絵はみごとというほかありません。画面左側の巨大な水槽の中には魚やアザラシたちが、議長席の右側には五人の人間の子どもも招待されています。一般席にはゾウのババールやミッキーマウスなど絵本の中の動物たちの姿も見えます。子どもたちの絵本からぬけ出て動物ビルにやってきたのでした。

動物会議が始まったその日、ケープタウンでも各国の元首が集う人間たちの国際会議が開かれました。動物会議冒頭の白クマの発言がケープタウン会議場に届けられました。

「みなさん！　ぼくたちがここにあつまったのは、人間の子どもたちの力になるためです。なぜか？　人間たちじしんが、このなによりもたいせつなつとめを、ほったらかしにしているからです！　ぼくたち動物は、団結して、二度と戦争や貧困や革命がおきないことを要求します！　そういうことは、おきないようにしなければなりません！　なぜなら、おきないようにできるからです！　ですから、おきないようにするべきです！」

しかし、このあまりにもまっとうな動物たちの要求は人間に無視されます。ふたつの会議は開始早々対決せざるを得なくなったのです。動物たちは実力行使に出ました。まず、ネズミの提案で人間が後生大事にしている書類という書類を紙くずにしてしまう作戦です。動物ビルからの指令を受けて、南アフリカ中のネズミが会議場に殺到します。またたく間に大会議場は紙のなだれに埋まりました。一時は会議は続行不可能かと思われましたが、やがて新しい書類のコピーが各国の文書館から届いてしまいました。

次にイガ（衣蛾）が動員されました。イガというのは、世界中に分布している小さな蛾で、その幼虫が、毛織物を食って穴だらけにしてしまうことで知られています。書類と同様軍服が人間たちの速やかな合意を妨げていると判断した動物たちは、イガに軍服や一切の制服の類を食い荒らすよう要請したのです。一時丸ハダカになった将軍たちがパニックをおこしますが、これも大成功というわけにはいきませんでした。制服の在庫はいくらでもあるのですから……。

■最後の作戦、そして勝利

それでついに最後の作戦です。なんと地球上から子どもがひとり残らず消えてしまったのです！　動物会議の議長をつとめるゾウがすべてのラジオ局を通じて演説しました。

「けさから、みなさんの子どもたちは、あとかたもなく消えてしまいました。（略）こうなったことの責任は、ぼくたちにはありません。責任は、みなさんの政治家にあります。もんくがあれば政治家に言ってください。（略）みなさんの法律によると、だめな親から親の資格をとりあげることができます。（略）ぼくたちは、この法律をつかうことにしました。そして、みなさんの政府から、親の資格をとりあげることにしました。ここ数百年、みなさんの政府は、子どもをそだてるというつとめに、ふさわしくはありませんでした。（略）ぼくたちは、けさから、みなさんの子どもたちにたいするつとめを、ひきつぎました。」

すごいでしょう？　で、子どもたちはどうなったかというと、小島や森や人里はなれた山の原っぱで動物たちとたのしく遊んでいたのです。ウシやヤギがミルクを、クマがはちみつを分けてくれ、ウマやゾウやシカが子どもたちを背にのせて走りまわりました。

でも、おとなたちは大パニック。最後の交渉はすぐ終わりました。各国政府は国境、軍隊の廃棄を含む五か条の条約に調印しました。条約の全文は以下のとおりです。

1　すべての国境の標識と警備兵は、これを排除する。もはや国境は存在しない。

2　軍隊およびすべての銃や爆弾は、これを廃棄する。もはや戦争は存在しない。

3　秩序維持のために不可欠な警察は、弓と矢を武器とする。警察はおもに、科学と技術が平和のためにのみもちいられるよう、これを監視する。もはや人殺しのための科学は研究されない。

4　役所、役人および書類保管庫は、どうしても必要な最小の数にまで、これを削減する。役所は人間のためにある。その逆ではない。

5　これからは、教師が、もっとも高い給料を受けるものとする。子どもを真のおとなに育てるというのは、もっとも崇高な、もっとも困難な任務である。真の教育の目的は、つぎの点にある。すなわち、よくないことをだらだら続ける心が、もはや、存在しないようにすることである！

『エーミールと探偵たち』

■優等生で悪いか！

主人公のエーミールは、ノイシュタットという田舎町で母とふたりでくらす実科学校の優等生（十一、二歳）です。実科学校というのは、初級学校を四年で終えて進学する実業学校のことらしく、ケストナー自身はこの段階で師範学校の予備クラスに進学しています。エーミールが五歳のとき、板金の仕事をし

『エーミールと探偵たち』
エーリヒ・ケストナー／作
池田 香代子／訳
岩波少年文庫　2000 年
（初訳／小松 太郎、1960 年）

ていた父さんが亡くなり、そのときから母さんは自宅のリビングで美容室を開いて親子のくらしを必死にささえてきました。それにしても、タイトルから想像するように、これはスリル満点の冒険小説です。その主人公が優等生とは！

そういう読者の違和感を予想してケストナーは、最初の章でこんなことを書いています。

もしもぼくが、エーミールは「いい子」だと言ったら、みんなはわかってくれるだろうか。「いい子」なんてダサいって、笑ったりしないだろうか。そう、エーミールは母さんを心から愛していた。母さんがはたらいたり、お金の勘定をしたり、またはたらいたりしているあいだに、自分はなまけていたら、エーミールは死ぬほど恥ずかしく思っただろう。（略）

エーミールは「いい子」だった。そのとおりだ。けれども、おくびょうで根性がケチ臭くて、ほんとうの子供らしさをなくしているために、「いい子」のふりをするしか知らない連中とはわけがちがう。エーミールは、「いい子」になろうと思ってなったのだ！

これはケストナー自身の誇り高い自己弁明でもあります。『わたしが子どもだったころ』（一九六二年　岩波書店）によれば、ケストナーも母さんが自宅で細々と美容室を営む貧しい職人（父さんは皮細工職人で、その名をエーミールといいました）の家の子なのです。優等生で悪いか！　何か文句あるか！　と読者にタンカを切っているように読めて、ぼくはいつもこの引用部分にふれるたび、ちょっと笑ってしまいます。優等生や「いい子」にもいろいろあるのです。

■エーミール、大ピンチ

そのエーミールがベルリンのおばあさんのところにひとりで汽車に乗って出かけることになりました。仕送りが遅れていた一二〇マルクをおばあさんに届けるというのが母から息子に託されたミッションです。当時の一二〇マルクがどのくらいの値打ちだったのか、よくわからないのですが、相場はともかくエーミールの家にとっては母さんが働きづめに働いてやっとためた大金であることに変わりはありません。

エーミールはその一二〇マルクと自分用にもらった二〇マルクを封筒に入れて上着の内ポケットにしまい、ときどき上からさわって封筒の感触を確かめていたのですが、コンパートメントの中で少しの間眠ってしまい、その間に何者かに盗まれてしまいました。

何者かは、だいたいわかっています。同じコンパートメントにいた黒い山高帽の男です。汽車が駅に着きます。トランクと花束を手にエーミールは必死に男を探しました。いました！　いましも改札口を通るところです。

「待て、きったないやつ」エーミールはつぶやいた。「ぜったい、つかまえてやる！」

エーミールはきっぷをわたして、トランクをもちかえると、右のわきに花束をはさんで、男のあとから階段を駆けおりた。

さあ、それからがたいへんだった。

どうたいへんだったのでしょうか。エーミールは考えます。その男の前に立って「お金を返せ！」と叫んだとしたらどうなるでしょう。「わかったよ。はい！」なんてすなおにお金を返してくれるでしょうか。道行く人に訴えても、大のおとなを泥棒よばわりする子どもを見知らぬ人がすぐさま信じてくれるでしょうか。山高帽の男はことばたくみにいい逃れるに違いありません。こんなとき、見知らぬ町のたったひとりの子どもは圧倒的に不利なのです。そういう状況にあえて主人公を立たせたところに、ケストナーの時代に先んじた「子ども観」が見てとれるとぼくは思います。

もうひとつ、エーミールがなぜ警察にすぐに届けなかったのかという問題が残ります。ノイシュタットの広場に立つ銅像のはげ頭におんぼろの帽子をかぶせ、鼻を赤くぬりたくり、ちょびひげまで描き加えるといういたずらをやってのけたのがほかならぬエーミールだったのです。もちろん一〇人ほどの仲間といっしょだったのですが、エーミールは絵がうまかったのでこのいたずらの中心人物になっていました。それを顔見知りのイェシュケ巡査に見られてしまったのではないかとエーミールはずっと気に病んでいたのです。のこのこ警察なんかに出向いたら落書きのカドで捕まってしまうかもしれない！　とにかくいまは自分ひとりで、あの山高帽を見失わないようにしなければ！

■子どもの味方は子ども

山高帽が市電に乗ればエーミールも乗る。山高帽がカフェに入れば、その前の新聞スタンドのかげに隠れて見張る。先の見えない追跡劇が始まりました。

そこに突然頼りになる助っ人が現われます。ラッパの一方の端にゴム球をつけたクラクションをいつも持ち歩くグスタフという少年で、このあたりのガキ大将。エーミールの話を聞くと「泥棒」ということばに異常に反応し、ただちに協力を約束、二〇人の仲間を集めてきます。作戦を立て役割分担をてきぱき決める「教授」の指示のもと、彼らは喜々として冒険にのり出します。エーミールとの友情のためというよりは探偵ごっこへの熱愛のために。こういうところもいかにも「子ども」です。

山高帽がホテルに泊まれば、そこのボーイに話をつけ（またしても頼れるのは子どもです）、グスタフがボーイの制服を着込んで監視します。そして翌朝、山高帽がホテルを出ると、彼のまわりを百人ほどの子どもが完全に包囲し、大騒ぎになりました。山高帽が逃げ込んだのは小さな銀行。そこで盗んだ一四〇マルクを両替しようというのです。

最後は、エーミールの知恵が勝ちました。彼はお札を袋ごとピンで上衣の裏地にとめていたのです。だからお札をよくよく調べればピンの小さな穴があいているはずです。銀行員がお札をあかりにかざしました。ピンの穴は確かにありました！

こうして犯人は捕まり、お金はエーミールのもとにもどりました。さらにそのうえ、この犯人はひと月前におきた銀行破りの犯人でもあったことがわかり、銀行がかけていた一〇〇〇マルクの賞金まで、エーミールに届けられました。翌日、母さんもベルリンにやってきます。エーミールは賞金の一部でヘアドライヤーと裏に毛皮がついているコートを母さんに買うんだといってききませんでした。

『飛ぶ教室』

■チャーミングな五人組

物語の中心になるのはギムナジウムの五年生（日本の学校制度でいえば中学三年生にあたります）の五人組。まず、ケストナーの少年時代を思わせるマルティン。彼のことを仲間のひとりマティアスはこんなふうにいっています。

「マルティンは、ヨーロッパでいちばん痛快な優等生だよ、うん、まちがいない」「ぞっとするほど勉強するけど、ただの点取り虫じゃないんだよな。入学したときからずっと一番だけど、なぐりあいのけんかにはかならずいる。授業料半額免除の特待生だし、奨学金だってもらってる。だけど、だれの言いなりにもならない。（略）自分が正しいと思ったら、まるで野性の猿の群れみたいに手がつけられない」

このキャラって、前回のエーミールみたいでしょう？　そして多分ケストナー自身の体験にもとづく「少年の理想像」なのだと思います。でも、マルティンは作家志望ではなくむしろ絵を描くことに才能の片鱗をのぞかせます。

作家志望はヨーナタン・トロッツのほうです。この少年は、

『飛ぶ教室』
エーリヒ・ケストナー／作
池田 香代子／訳
岩波少年文庫　2006 年
（初訳／高橋 健二、1962 年）

ニューヨークで生まれたのですが、四歳のときハンブルク行きの船にたったひとりで乗せられてしまったのでした。父親に捨てられたのです。だれも迎えにこない幼児を、心やさしい船長は自分の姉の家に連れて行きました。そこで十歳まで育てられ、それからはこのギムナジウムの寄宿舎がヨーナタンの「家」なのです。しかし、彼は苛酷な自らの運命によく耐え、感受性の豊かな少年になりました。彼はクリスマスの行事に上演する「飛ぶ教室」という劇の脚本を書き上げ、その上演に力を尽くしています。

大急ぎであと三人を紹介しなければなりません。マルティンを「痛快な優等生」と評したマティアスは、勉強にあまり身が入らない食いしん坊で、しょっちゅう友だちからお金を借りては買い食いします。将来はボクサー志望。けんかが滅法強いのはいうまでもありませんが、心のやさしい正義漢でもあり、からだが小さく臆病なウーリをいつもはげまし助けています。

そのウーリ、臆病を克服しようと思いつめ、ある大事件の翌日、校庭の登り棒のてっぺんから、傘をひろげて飛びおりたのでした。もちろん傘は一瞬にしてオチョコになり、ウーリのからだは雪をかぶった氷の上にたたきつけられました。右足骨折！

もうひとり、セバスティアーンというクールな少年がいます。ほかの四人よりちょっとわかりにくいのですが、読みこむとなかなかの少年で、ぼくは彼のかくれファンでもあります。

■ライバル校との大げんか

ウーリが飛びおりを敢行した前日、ギムナジウムの少年たちは「有史以前から対立している」宿敵実業学校の生徒たちと、町の建設現場で大乱闘をやったのです。この騒動の折、ウーリはこわくてこわくて敵になぐりかかるどころか最後方に逃げてしまいました。そのことをウーリはひどく気に病んでいたのです。

この学校同士のバトルの直接の原因は、ギムナジウムの通学生が実業学校の生徒たちに拉致されたことによります。しかもその通学生クロイツカムはドイツ語の先生の息子で、その日みんなの書き取りノートを家に持ち帰ろうとしていました。当然そのノートも敵側に没収されてしまいます。危うくその場から逃れたひとりが学校にかけもどり、劇の練習中のマルティンたちに事の次第を伝えました。もう練習どころではありません。五人組は「許可なく学校の外に出てはならない」という寄宿舎の規則を無視して、校庭を囲む柵を越えます。

大乱闘はボクサー志望のマティアスを代表に送り出したギムナジウムがタイマンを制し勝利したのですが、実業学校側は約束を破って人質解放を拒否しました。セバスティアーンの指揮で雪合戦に持ちこみ、その間にマルティンとマティアス、ヨーナタンの三人が人質の救出に向かいます。このあたりの物語の進行は、とてもリアルでみごとです。少年時代にケストナーがつぶさに体験したことなのではないでしょうか。

■信頼できるおとながふたりも

この小説にはふたりのおとなの重要人物が登場します。ひとりは寄宿舎の舎監ベク先生、そしてもうひとりは学校のそばの市民農園の一画に払い下げの鉄道の客車をおいて、そこで世捨て人のように暮らす「禁煙さん」です（もちろんアダ名！）。その鉄道客車が禁煙車だったので、こう呼ばれるようになったのですが、実はパイプたばこが大好き。こういうのもいたずら好きのケストナーらしいです。ベク先生は「正義さん」と呼ばれみんなにしたわれていて、五人組によれば「禁煙さん」もベク先生と同じくらい好きなのだそうです。

学校の内と外に信頼できるおとな（三五、六歳です）がいることが、十五歳の少年たちにとってどんなに重要でありがたいことか、読み返すたびぼくは胸が熱くなります。このふたりから、子どもを見守るというのはどういうことか、おとなの読者は学ぶべきでしょう。

実はこのふたり、二〇年前五人組が通うギムナジウムの同級生だったのです。彼らが五人組と同じ五年生のとき、ある男の子のお母さんが重い病気で町の病院に入院します。男の子は心配でいてもたってもいられず、ある日学校をとび出し、いちもくさんにお母さんのところにかけつけました。次の日もまたその次の日も。むろんその当時も無断外出は厳禁でした。ついに三日目の夜、男の子は校長室によばれ、二日間監禁室にほうりこまれてしまいました。でも、翌日ミサに連れて行こうと監禁室をあけると、中にいたのは別の子でした！男の子はまたしても母のもとへかけつけたのです。

実業学校とのたたかいを終えて学校にもどり、舎監室によばれた五人組にベク先生はこんな思い出話をしたのでした。五人組は、その男の子がベク先生その人であることを見抜きました。そしてさらに、身代りに監禁室に入ってくれた親友が「禁煙さん」であることも。

そのベク先生が、クリスマス休暇に家に帰る汽車賃を、両親がどうしても工面できないでつらい思いをするマルティンを助けるエピソードで、このクリスマス物語は終わるのですが、最後にどうしてもつけ加えておきたいことがあります。この小説は一九三三年のクリスマス直前に発売されたのでしたが、この年の五月一〇日、ドイツの各地で焚書（ふんしょ）事件がおき、ベルリンのオペラ座の前でケストナーは、自分の『ファービアン』や詩集を含む二万冊が焼かれるのを目撃しました。クロイツカム先生に添削してもらう書き取りノートが、クロイツカム少年の目の前で焼かれる逸話には、明らかに焚書事件への抗議がこめられています。これはほんの一例で、この作品にはナチス独裁が本格化するドイツにとどまって抵抗したケストナーの、子どもたちへの提言がいくつも書き込まれています。特に「まえがき　その二」のヨーナタン・トロッツの身の上話のあとの三〇行ほどにご注目ください。

『ふたりのロッテ』

■ふたご、湖畔の林間学校で出会う

第二次大戦後ケストナーが最初に発表した児童小説は、ふたごの物語でした。両親が離婚したために赤ちゃんのときから別々にひとりっ子として育てられたロッテとルイーゼは、夏休みのキャンプで九歳のとき偶然出会います。

ウィーンから来たルイーゼたちの一行が宿泊している施設「子どもの家」に、ミュンヘンからの一団がバスでやってくるのですが、最後にバスから降りたった少女を見て、ルイーゼは目を丸くします。ルイーゼと新しく到着した女の子ロッテは、うりふたつだったのです。ひとりは長い巻き毛で、もうひとりはきっちり編んだおさげだけれど、ちがうのはそこだけなのです。

『ふたりのロッテ』
エーリヒ・ケストナー／作
池田 香代子／訳
岩波少年文庫　2006年
（初訳／高橋 健二、1962年）

「子どもの家」の校長先生は、ロッテとルイーゼの書類を調べ直し、誕生日や出生地が同じであることを確認すると、ためらうことなくふたりのベッドも食堂の席もとなり同士にしてしまいました。音楽家の父のひとり娘として育ったルイーゼはちょっとわがままで、突然現れた自分にそっくりのロッテが気に入りません。それで食堂のテーブルについたとき、力いっぱいロッテの足を蹴っとばしました。ロッテはぎゅっとくちびるをかんでがまんします。

そのあとをちょっと引用します。


夜だ。子どもたちはみんな眠っている。ふたりをのぞいて。

ふたりは、おたがい背中をむけて、寝たふりをしている。でも、目はぱっちりあけて、じっと前を見つめている。

ルイーゼは、ベッドにおちる銀色の月の光をいまいましそうに見ている。ふいに、ルイーゼは耳をそばだてる。ひっくひっくという、おしころしたかすかな泣き声が聞こえてくる。

ロッテは、両手で口をおさえている。（略）

そしていま、ロッテは、知らない子たちに囲まれて、意地の悪い女の子のとなりに寝ている。自分に似ているからと、ロッテのことをきらっている女の子のとなりに。ロッテはそっとため息をつく。えくぼをつくらなくちゃいけないのに。ロッテはひとり、すすり泣く。

とつぜん、だれかのちいさな手が、ぎこちなくロッテの髪をなでる。ロッテは、こわくなって、体をかたくする。

こわくなって？　ルイーゼの手は、おずおずとなでつづける。

月は、寝室の大きな窓からのぞきこみ、これはこれはとおどろく。ふたりの女の子がならんで横たわり、目はあわせないようにしながらも、まだしゃくりあげているほうの子が、いまその手で、もうひとりの、自分をなでてくれている子の手を、ゆっくりとまさぐろうとしている。

ウィーンの裕福な家で育ったルイーゼと違い、ロッテは子育てしながら雑誌社で働く、まだ若い母とくらしています。さっきの引用で、（略）と書いて省略したところは、林間学校に出発するときいったお母さんのこんなことばだったのです。二度手間みたいで申しわけないのですが、やっぱりことばどおり引用しておきましょう。

「あなたが二、三週間、おおぜいの元気な子どもたちとすごすだなんて、わたしもうれしくなる。だって、あなたは年のわりにはまじめすぎるんですもの、ロッテ。すごくまじめすぎ。わかっているわ、これはあなたのせいじゃない。わたしのせいよ。わたしが働いているせいなのよね。わたしはあまりうちにいないし、帰ってきたときには、くたびれてしまって。だからあなたは、ほかの子たちが遊んでいるあいだ、お皿を洗ったり、お料理をしたり、テーブルにごはんのしたくをしたりしている。さあ、えくぼをどっさりつくって、帰ってくるのよ、ちいさなお主婦さん」

このお母さんのことばには、この物語の根幹に流れるケストナーの主張がはっきり読みとれます。いつどこでも（たとえ戦乱のただ中でさえ）、子どもは「えくぼをどっさり」つくれるように生きていいのだという主張です。

仲なおりしたロッテとルイーゼは、まずルイーゼの髪をロッテと同じようにおさげに編んで、ランチの用意が整った食堂に入っていったのですが、それからが大騒動。どっちがロッテでどっちがルイーゼなのか、友だちも先生も全く区別できません。

すっかりたのしくなったふたりは、村の写真屋に出かけ「ふたりのロッテ」の髪型（おさげ）のまま写真をとってもらいました。その帰り、子どもたちは書類によってではなく、自分たちの会話によって今年の十月十四日に十歳になること、ドナウ川のほとりのリンツで生まれたことを確かめあいます。そしてロッテが持ってきていたお母さんの写真が決め手になりました。ロッテがロッカーからとり出した写真をおそるおそる見つめるルイーゼのまなざしがぱっとかがやきます。その写真をロッテは気前よくルイーゼにあげました。

■ごりっぱな親たちへのふたごの反乱

しかし、自分たちがふたごの姉妹だとわかったからといって、まだたくさんの疑問が残ります。

「どうしてお父さんはウィーンで、お母さんはミュンヘンなのかなあ？」と、ルイーゼ。「どうして、わたしたちをわかれわかれにしちゃったの？」

「どうして」と、ロッテは考え考え、つづける。「お父さんもお母さんも、わたしたちはひとりっ子じゃなくてふたごなんだって、おしえてくれなかったのかしら？　どうしてお父さんはあなたに、お母さんは生きてるって、言わなかったのかしら？」

「お母さんも、お父さんは生きてるって、あなたにおしえなかったのよね」とルイーゼは、両手を腰にあてる。「ごりっぱな親たちだわ。ちがう？　まあ、いまに見てなさい、とっちめてやるから。ふたりとも、びっくりするわ！」

「そんなこと、しちゃだめよ」と、ロッテはひるむ。「わたしたちはただの子どもよ」
「ただの?」
ルイーゼは言い返し、ふん、とあごをしゃくりあげる。

では、どうやったら「ただの子ども」が「ごりっぱな親たち」をとっちめることができるのか? ふたりが考えた作戦はこうでした。ロッテとルイーゼが入れかわる、つまりロッテはルイーゼを待っているウィーンのお父さんの家に帰り、ルイーゼはミュンヘンのお母さんのもとへ帰るのです。それぞれの家や近所の様子、学校の先生や友だちのことなど、細かく情報を交換します。

顔は瓜ふたつでも性格はかなり違います。ロッテは料理はじめ家事全般をそつなくこなせますが、ルイーゼはそういうことは苦手です。しかしそれでも、ルイーゼはがんばりました。そしてお母さんも完璧に家事をこなせなくなった娘を見て、子どもはこうでなくっちゃと思いはじめます。学校で友だちをぶったとか、ノートの文字が乱暴になったとか先生にいわれても「うちの子は子どもであるべきで、ちいさなおとなではありません。あの子がゆかいで元気なおてんばさんであるほうが、先生の優等生であるよりも、わたしはうれしいのです」ときっぱりいってのけるようになります。子どもが親を変えることも、親にその感性があれば可能なのですね。

一方ルイーゼになりかわったロッテも大変でした。お父さんにはイレーネ・ゲルラッハという美人が急接近してきます。なんとしてもこの再婚だけは阻止しなければなりません。こんなときルイーゼだったら感情をむきだしにしてたたかうこともできたでしょうが、ロッテにはそれは無理。心労のあまりロッテは高熱を出して倒れてしまいました。文字どおりドクターストップです。かかりつけの医者は「神経性の発熱」だと診断しました。

急を聞いて、ミュンヘンからお母さんとルイーゼが、お父さんの指示で飛行機でとんできます。両親のかわりばんこの看病（これはロッテにとってはじめての経験です！）で、ほどなく危機を脱しました。

初体験の親子四人のくらしは、ロッテとルイーゼのたっての願い――父と母が再婚して四人でくらすこと、の実現を一挙に早めました。夏のキャンプ以来のふたごの夢はこうして現実のものとなったのです。

ついでに書き添えますと、ロッテとルイーゼのお母さんはルイーゼロッテという名前でした。ふたごの娘に自分の名前を半分ずつ分け与えたことになります。そして、ケストナーが戦乱の次期から苦楽を共にしたパートナーは、たしかルイーゼロッテ・エンダーレという名前でした。

それを日本で引きついだのは今江祥智

日本の子どもの本の作家の中で、最も強くケストナーの影響を受けたのは、今江祥智さんだったのではないか、と思います。物語の紡ぎ方の職人的ともいえる巧みさと、その物語がどんなに深刻になっても、ユーモアを決して失わない大らかさは、日本の作家の中では稀有だと思います。

今江 祥智（1932 - 2015 年）
『優しさごっこ』（1977 年）
『山のむこうは青い海だった』（1960 年）
『ぼんぼん』（1973 年）

『優しさごっこ』

■ある夏、突然に

今江祥智の『優しさごっこ』の最初のページには「冬子に」という献辞とこんなエピグラフがかかげられています。

《世間には、両親が別れたために不幸な子どもがたくさんいる。しかし、両親が別れないために不幸な子どもも、同じだけいるのだ……》――エーリヒ・ケストナー

いうまでもなくこれは『ふたりのロッテ』からの引用で、ふたごのロッテとルイーゼの両親がどうして離婚したのかを説明する際に読者に語りかける部分を要約したものです。この『優しさごっこ』も、作家の体験にもとづく離婚小説です。語り手は作家自身とおぼしき「とうさん」。ただし職業は作家ではなく画家で、絵本作家ということになっています。この作品は大阪で出ていた『少年補導』という月刊誌に一九七四年一〇月から二年半にわたって連載されたあと一九七七年七月に理論社から出版されました。連載中に、今江さんはある女性誌に寄せたエッセーの中で、こんなふうに自作にふれています。

物語は夏の日の午後、上京していた両親を娘が京都駅に迎えに行くところから始まる。フカみたいな新幹線ひかり号がついて扉が開き、とうさんは降りてきたが、かあさんは降りてこなかった。娘＝あかりちゃんは、その日以来、

『優しさごっこ』
今江 祥智／作
新潮文庫　1987 年
（初版／理論社 1977 年）

かあさんの姿を見ることがなかった……という訳で、これはそのまま実際の話であった。あとはとうさんとあかりちゃんのちょっぴりとんちんかんで懸命な一年間の物語で、何のことはない、おのれの四年間の悪戦苦闘ぶりを、一年間に圧縮し、できるだけユーモラスに描こうとしたわけあいのものと相なった。

その夏、ひとり娘の「冬子」ならぬあかりは小学三年生でした。

■父と子の一番星

当初はあかりが夏休みなので、日々のくらしに少し余裕がありました。それでも二学期が始まってからのことを考え、とうさんは毎朝六時半に起床し、洗濯機を回し、電気釜のスイッチを入れ、味噌汁を作り、あかりを起こす。朝食をすませると洗い物と掃除です。物干しにあがって洗濯物を干すのを、近所の奥さんに見られるのには抵抗がありましたが、午前九時にすべてがかたづくとうさんの仕事ぶりは、ご近所よりずっと早くその心配はありませんでした。

夕暮れがせまる頃、昼寝中のあかりにメモを残し、とうさんは夕食のための買い物に出ました。市場の魚屋の前で、目を覚ましてとうさんを追ってきたあかりと会います。

帰り道は、夕日で紅色に染まっていた。二人の影もずいぶん長くのびていた。

(もう何年したら、あかりがこの影くらいの背丈になるか…)と、とうさんは考え、あかりのほうは(うちがもっと早いこと大きィならんと、とうさんがノビてしまいはるわ…)と、影にむかって背伸びしていた。

―なあ、あかり、すまんことやが……と、とうさんが切りだした。夏休み前に約束しとった串本の海へいくことやが、中止させてくれへんか。

―ん？

ずいぶんとたのしみにしていたことなので、あかりは、目でき返した。

旅館に泊って、上げ膳下げ膳をやると、帰ってまたつくるのがシンドウなる。何とか馴れるまで、家でモウクンレンしたいンや……と、とうさんは顔は笑って、目は笑わずに説明した。ええよ、と、あかりは答えた。

―協力するわ。

いいながら、やはり心残りで顔がくしゃんとゆがみそうだった。そいつをふりとばすように、目をあげて、空を眺め、

―あ、一番星や。五番星まで見つけっこしよう…。

明るい声でいってとうさんをさそった……。


この文章を書くために、結構こまかいメモを作り、引用したい部分をあらかじめ選んでおきましたが、先の引用はその中に入ってはいませんでした。改めてまた読み直していて、この部分で息をのみました。

海水浴の約束をとりやめにしたいという、とうさんの理由が胸をつきます。父と子のふたりぐらしは、何年もつづけざるを得ないのです。始まったばかりのこのくらしに失敗は許されないと思いつめるとうさんの気概と、それに応えしなやかに寄り添おうとするあかりのけなげさがいいです。一番星を見つけるなんて、子どもならではですよね。

父には娘を保護し育てる責任があります。ましてや、おとなの都合で離婚した場合、子どもへの負い目は相当

なものでしょう。しかし『優しさごっこ』の父と子は、保護者―被保護者という一面的な関係にとどまっていません。父はたえず娘にはげまされ、いたわられます。そして父は娘にふびんな思いをさせまいと全力を尽くします。

■「育ててやった」のか「育ってやった」のか

二学期が始まって間もなく、古くからの友人よりとうさんに短大の先生にならないか、という話が持ちこまれます。おもしろいのは、大学に打ち合わせに行くとき、とうさんはあかりを連れて行くことです。とうさんは、いつでも娘同伴なのです。したがってとうさんの友だちや新しい知り合いは、みんなあかりの知り合いということになり、父と子は社会から孤立することなく生きていけます。大学の助手の女性もテレビのディレクターも、あかりを大切に扱ってくれます。配慮のネットワークみたいなものが自然とできあがっていくのでした。

大学へ出講する日の留守を守る必要もあって、お手伝いさんがやってきます。そして彼女が拾ってきた子犬も家族に加わります。

> 仲井さんが週二度くるようになって、とうさんとあかりの二人暮しの毎日に、これまでとちがったリズムが生まれた。（略）時計の長針短針が一緒にまわっているような無理が消えて、別々それぞれの時間と暮しのリズムが少しずつもどってきた。
>
> それに、タマテバコの生活リズムが秒針みたいにつけ加えられたかっこうになった。

仲井さんというのは大学生のアルバイトお手伝いさん、タマテバコは子犬の名前です。むろん、名付け親はあかり。

とうさんは若い人たちに刺激されたこともあって、絵本の制作に打ちこみます。家事にかまけて本業の手を抜くことなんか決してしなかったのです。あかりも批評がましいことはいわず、父の精進ぶりを見守っていました。

とうさんがあかりに「おまえのこと、ようちゃんと育ててやったやろ」と言ったら「何言うてンのン、ようちゃあんと育ってやったと言いたいわ」と切り返されてしまったそうです。

親子論の核心にふれるこのジョークが、ぼくは大好きです。

『山のむこうは青い海だった』

■中学校の入学式から始まる

この作品は、今江祥智の最初の長編小説で一九五九年から六〇年にかけて「岐阜日日新聞」に連載されました（のちに理論社刊）。作者は二〇代の後半、まだ名古屋で現役の中学校教師でした。そのせいか物語は中学校の入学式からはじまり

『山のむこうは青い海だった』
今江 祥智／作
長 新太／絵
理論社　2003 年
（初版 1960 年）

ます。

主人公・山根次郎たち一年F組の教室にやってきたやせっぽちの担任・井山先生は、小さな紙きれをみんなに配り、ポケットからしわくちゃの百円札をつまみ出してこう聞きます。いま、百円持っていたら何に使いたいか？　そしてその理由は？　――それを紙きれに書けというのです。

百円札というところが時代を感じさせますね。この物語は発表当時の一九五〇年代末ではなく、戦争の爪痕が人々の心と生活のすみずみにまだ残っている時代（多分一九五〇年前後）のこととして設定されています。作者自身、全集版のあとがきで「教員暮らしの中で書いているせいか、かえって現実の教師や子どもを書くのを避けた。むしろ『思い出』の中にある教師や子ども像に、自分の分身を投影させて書いている」と述べています。

それはそうと、そのアンケートでは「貯金する」とか「食べ物を買う」とかが多かったのですが、中にちょっと変わったのが一枚ありました。

百円で往復キップを買います。
行く先は知らない土地、行ったことがないところをえらびます。
着くとおりて、できるだけそのあたりを歩きまわります。山があるとのぼりますが、なければ川をさがしてそれにそって行きます。（略）
ただし、おべんとうは百円の中にはいりません。母さんに寄附してもらいます。

これを書いたのは、山根次郎でした。

■夏休み、計画は実行される

次郎ははずかしがり屋で、この文章を先生が読むのを聞いているだけでポッと赤くなってしまいます。友だちにそれを気づかれピンクちゃんというあだ名までもらってしまいました。でも、そのあだ名をつけた山本一郎、佐々木三郎とすっかりうちとけ、一郎、次郎、三郎の名前からとって一二三（ひふみ）会という仲良しグループを結成しました。

父さんの死後、母さんは花屋を開いて母と子の生活を支えてきました。その母さんに次郎は「高杉晋作にならってタンレンいたしてまいります。（略）鶴は南へ飛ぶ―息子の次郎より」という置き手紙を残して、入学式の日に心に決めたひとり旅を実行に移しました。目的地は、母さんの生まれ故郷で父さんのお墓がある紀北の小さな町、鷲本市です。三年間ほど次郎はそこでくらしていたそうですから「行ったことがないところ」というわけではありません。

ここまでの紹介であれって思いませんでしたか？　ケストナーの処女作『エーミールと探偵たち』とよく似ていますよね。しかも、次郎の旅のクライマックスも、エーミールと同様土地の中学生と共に泥棒をつかまえる大活劇です。今江祥智がいかに強くケストナーに惹かれていたかよくわかる構成といえます。

鷲本市についたら父が眠る墓地の墓守の家に泊めてもらう心づもりだったのですが、あっさり断られてしまいます。やむなくふと思い出した幼な友だち（はじめてのガールフレンド！）昭代を訪ねることにしました。実はかつてこの家のはなれを借りて住み、毎日いっしょに小学校に通った仲だったのです。

昭代は山の池に行っていました。なんと食用蛙（しょくようがえる）をつかまえるためにです。これはどうやら必死のアルバイトらしく、中学校に円型図書館を建てることになっていて、その資金の一部を稼ごうと中学校の生徒会が手分けして働いているのでした。川でウナギをとって売る男の子のグループ、たきぎを山から運びおろす女の子、お祭りの花火大会をあてこんで屋台の氷屋を開く生徒会長など、それぞれできることを見つけては精を出していたのです。昭代はもうひとりの女の子とカエルとりというわけです。

次郎は昭代に大阪の男の子として次々紹介され、一日のうちにたくさんの仲間を得ました。

一方、次郎が旅立った日、井山先生は三郎を道案内にして家庭訪問で次郎の家にやってきました。母さんも先生も次郎のことは大して心配せず、行き先は鷲本だろうと見当をつけます。そして翌日井山先生と一二三会のふたり、一郎と三郎は鷲本に向かいます。そしてその翌日には母さんも。こうしてすべての主要登場人物は花火大会の鷲本市に集結したのでした。

■セメント泥棒をつかまえろ！

ところが、ここに総勢十人のチンピラの悪だくみがひそかに進行していました。図書館建設のために用意したセメント袋をリヤカー二台でごっそり盗み出そうというのです。ふとした偶然でこの計画を知った次郎は、あっけなくチンピラにつかまってしまいますが、すんでのところで逃げ出し、キツネがりに熱中するみんなと合流できます。そしてその夜、中学校の工事現場にあらわれた泥棒たちは、百人をこえる中学生の大包囲網がキツネがりのように確実にその輪を狭めているのに気づきませんでした。

——みんなもう獲物を積み込むのに夢中だったのだ。

そして彼らは全く突然、アハハハハ！　という笑い声の一勢射撃をきいてドギモをぬかれた。

ギョッとして棒立ちになったが、笑い声はそれっきりで、またシーンとした。

あんまり静かなので、チンピラ諸君はみんな、いまの笑い声は空耳(そらみみ)だと自分の耳を疑ってしまったほどだ。

しかしそのとたんに、こんどはガンガラガン！とものすごい音！

次郎たち七人組のバケツ交響楽だった。

チンピラ諸君の三人はセメント袋をおっことし、臨時雇の連中は袋をおっぽり出して逃走を開始した。そうして工事場のはしっこまで駆けていって、ズデン！とひっくりかえった。ハッと思うまもなしに、足もとの草むらから子どもたちがバッタのようにとび出してきて、たちまち逃亡軍の手とり足とりして組みしいてしまった。

いま彼らをズデンドウとひっくり返したのは、この子どもたちが張っていたツナだったのだ。

泥棒諸君はたちまち浮き足だち、暗ヤミの中をめちゃめちゃに駆け出した。

さらにネズミ花火攻撃がつづき、百人の子どもたちが逃げまどう泥棒たちにとりついて全員つかまえてしまいました。

ただ『エーミールと探偵たち』が徹頭徹尾子どもだけの力で泥棒をつかまえるのに対し、次郎たち中学生の活躍には、井山先生と井山先生の友だちで鷲本の中学校の岩田先生の指導が欠かせませんでした。中学生を百人動員するのも、学校の非常連絡網を利用してのことだったのです。

別にケチをつけるのではないけれど、ケストナーが子どもの力を全面的に信頼し支持していたのと比べると、やはりちょっともの足りない思いが、ぼくには残ります。

『ぼんぼん』

■プラネタリウムの予言

今江祥智の最終回は『ぼんぼん』です。このあと『兄貴』（一九七六年　理論社）、『おれたちのおふくろ』（一九八一年　理論社）と書きつぎ、自伝的三部作が完成します。その第一作では、戦争が始まる昭和十六（一九四一）年から大阪大空襲の二〇年までが描かれます。

船場で繊維問屋を経営する小松家の末っ子小松洋（ひろし）が作者の分身です。昭和十六年五月、小学三年生の洋と中学生の兄洋次郎が電気科学館のプラネタリウムに見入っているところから、この長編は始まります。北斗七星と北極星の説明を型どおりにすませたあと、解説者は「いまはひしゃくのかたちをしているこの七つ星が、いつかはかたちが崩れる」といいだしました。そんなアホなことが、と兄弟は思います。「兄弟の頭のなかには、まだ絶対に動かず変わらぬものとしての北極星と北斗七星が輝いて」いたからでした。ちょっと引用します。

『ぼんぼん』
今江 祥智／作
岩波少年文庫　2010 年
（初版／理論社 1973 年）

解説者が言うのと同時に、軽いモーターのうなりがして、北斗七星だけが少しずつ動き始めた。両はしの星は西へ、あと五つは東へ動いていって、ひしゃくのかたちがどんどん崩れていった。

—これで、五万年から六万年のち……。

解説者はあっさり言い、ひしゃくがすっかり崩れたところで、これが十万年後の北斗七星です、と結んだ。

この冒頭のプラネタリウム体験は、小松兄弟の運命を、まるで予言のように象徴していたのです。

■とうさんの死、おばあちゃんの死

元気で陽気で息子たちをかわいがっていた父洋太郎がちょっとした事故で頭を打ち、二週間後に急死します。父の葬儀に参列するためにかけつけ、初七日まで泊まっていったひろばあちゃんは、このままでは娘（洋たちの母）が参ってしまうと見ぬいて、洋たちといっしょにくらしはじめます。

大阪に来ておばあちゃんがまずしたのは、市場の検分でした。育ち盛りの男の子を育てるには食べものの吟味が一番というのが、七五歳のひろばあちゃんの考えでしたが、もうすでに大阪の市場には、おばあちゃんのメガネにかなう食材は払底していました。初めての夕食のあとおばあちゃんはいいます。「これやったら、わしがくるんよりも、洋ちゃんや洋次郎くんをうちへ呼ぶんやったのう……」「そやかて学校が……」といいかける洋を、おばあちゃんは、ぴしりとした調子でさえぎり「学校なんかより、いのちのほうが大事やして」とこともなげにいってのけたのでした。

おばあちゃんの眼には、いとおしくてたまらない母子三人のこれからの運命が、おぼろげながらわかっていたのでしょう。しかし、娘と孫たちの苦難を共に担うまえに、あっけなく亡くなります。心労がたたったのでしょうか。

祖母の遺骨を祖母の墓所に埋葬するために、紀北の橋本市（『山のむこうは青い海だった』で「鷲本市」になっている紀の川沿いのあの町です）に出かけている間に、戦争が始まっていました。

半年の間に二度も葬式を出した小松家は、三年半後に空襲で家を焼かれ、大阪と日本というさらに大きな同心円の崩壊を体験することになります。

■戦時下のくらしと心

洋は感受性が強くおだやかな性格の優等生です。そのせいか女の子にもてました。物語のはしばしに登場するふたりの少女とのほのかな心の交流が、次第に殺伐としてきて息苦しくもなっていく時代の流れの中で、人間にとって何より大切なやさしさを示すあかりのように描かれていて、このあたり、さすがだなあと思わせます。

もうひとつこの小説の重要な要は、ひろばあちゃんと入れ替わりのように小松家にやってきて「男衆」として何かと三人を助けてくれる佐脇仁平という六〇歳のもとやくざです。かつて一家の出入りで相手方のひとりを殺めてしまい、警察と敵の両方から逃げていたところを、洋の父に救われ、一〇年ほどまえ食客としてかくまわれていたのですが、小松家の窮状を察してふらっとやってきます。

この佐脇さんを、日本の児童文学にあらわれたもっともカッコいいおとなだとぼくはひそかに思っています。洋のかあさんに惚れているわけではありませんが、なんとなく映画『無法松の一生』（一九五八年）の「無法松」

を思わせます。腹がすわっていて、年齢を思わせぬ機敏な動きとからだつき、それに実に繊細に小松親子三人それぞれに心を配ります。洋が少女たちとたまさかの逢瀬をたのしむことができたのも、佐脇さんの配慮があればこそでした。時局がら知っている人のいる町ではふたりで散歩することさえできなかったのです。

洋次郎は、その時代の中学生が例外なくそうであったように急速に軍国少年になっていきます。自分の部屋に大きな世界地図を貼り、日本軍が勝利した（と伝えられる）場所に日の丸を貼るのでした。

昭和十七年のある日、模型づくりにこっていた洋の友だちのお兄さんがスパイ容疑で警察に引っぱられました。模型づくりに名をかりて帝国海軍の秘密をもらしたという疑いらしいのですが、「あの人がそんなことするわけはないわ」と言う洋に、洋次郎は敵性思想にかぶれていると怒り、大事な模型を窓からほうり投げ、抗議する弟を平手打ちし、部屋のすみに投げとばしたのでした。その夜、洋は日記に「今日のうなったもん――にいちゃんとぼくとのあいだにあった何か……。」と書きつけました。

■そして大阪大空襲

昭和二〇（一九四五）年三月十三日夜、大阪をB29の大編隊が襲い、大量の焼夷弾を投下、町はたちまち火の海となります。その二時間ほど前、洋次郎と洋は町内の人たちを防空壕に誘導しました。そして防火用水の表面に張った氷を割りに行きます。

（ここにはフナ二匹、ここは金魚が一匹……いてやはったなあ……）

ほんまやったら池の底でのんびり冬眠してるのに、ご苦労はんだす……と、声をかけてやりたい気もちで、洋はなるべく魚を驚かすまいと、こきざみに割っていった。

このあと、洋たちの家も全焼し、用水の水などなんの役にも立ちませんでした。まだ火の手があがっていないところをめざして、親子三人、必死で走ります。

走っている途中で、すでに気を失っている洋の女友だちのひとりを背負った佐脇さんに再会できたのがせめてもでした。佐脇さんはつまらないいいがかりで憲兵隊に捕えられていたのでした。ようやく伯父夫婦のもとへたどりついたとき、洋は佐脇さんの前にかしこまり、「おおきに。ほんまにおおきに……」「……ふたりぶん、おおきに……」と早口でお礼をいったのでした。

小さい子のための童話

小さい子のための童話は、まずシンプルでなくてはなりません。作品の世界がおとなの思惑やおせっかいを寄せつけないほど、はっきりとひとり立ちしている必要があります。子どもという存在への信頼と敬意が、一ページ目から最終ページまで、貫徹していてくれれば最高です。しかも、これが重要なのですが、テーマはどれもおとなさえ襟を正さずにはいられないほど深淵です。おとなの読者に子ども以上の、あるいは同等の読解力があれば、の話ですが……。

『おしいれのぼうけん』（1974 年）
ふるたたるひ・たばたせいいち／さく

『くまの子ウーフ』（1969 年）
神沢 利子／作　井上 洋介／絵

『ふたりはともだち』（1970 年）
アーノルド・ローベル／作

『おしいれのぼうけん』

■ロングセラーの幼年童話

ひと口に子どもの本といっても、小さい子向けのものと中学生くらいまでを対象とするものとでは、当然のことながら内容や表現方法がずいぶん違ってきます。そこで業界では前者を幼年童話、後者をヤングアダルトなどと区分を設け、書店での棚づくりの便宜をはかっています。

この章ではいくつか幼年童話を紹介します。

まずは古田足日・田畑精一共作の絵本『おしいれのぼうけん』です。絵本とはいえ堂々八〇ページ、字もいっぱいあるうえ、絵はほとんどモノクロームで地味なのですが、小学校二、三年生くらいまでの子どもに熱烈に支持されている幼年童話のロングセラーです。

舞台になるのは「さくらほいくえん」。巻頭の見開きに、保育園の全景が俯瞰で描かれ、こんなキャプションが添えられます。

ここは さくらほいくえんです。
さくらほいくえんには、
こわいものが ふたつあります。
ひとつはおしいれで、
もうひとつは、 ねずみばあさんです。

『おしいれのぼうけん』
ふるたたるひ・たばたせいいち／さく
童心社 1974年

なぜ押入れがこわいのかというと、悪いことをすると、そこに入れられてしまうからです。「ごめんなさい」とあやまらない限り、先生は決して押入れから出してくれません。ねずみばあさんというのは、先生たちが演じる人形劇の登場人物。魔力を放つ光る眼でひとにらみすると、ネコさえ身動きできなくなってしまう恐ろしいキャラクターなのです。

■先生のいうことをきかないふたりが……

ある日のお昼寝の時間、さとしとあきらは、ふとんの上で寝はじめた友だちをぴょんぴょんまたいで、追いかけっこをしていました。あきらのポケットから落ちた赤いミニカーをさとしが「あっ、ぼくにかして」とひったくって逃げたのが、ことの発端です。再三の注意にもかかわらずやめようとしないふたりは、ついに押入れに入れられてしまいます。

「やめなさいといったのに、やめないのね。」

せんせいは さとしとあきらをつかまえて、おしいれのまえにひっぱっていきました。

「さあ、おしいれのなかでかんがえなさい。もしねてるひとのおなかをふんづけて、おなかがはれつしたらどうするの。」

「おしいれのそとでかんがえるよう。」

と、さとしがさけびました。

でも、せんせいは おしいれのとをあけて、あきらをしたのだんにいれ、さとしをうえのだんにいれて、ぴしゃっととをしめてしまいました。
ねているみんなは めをあけて、おしいれのほうを じっとみました。
みずのせんせいも おしいれのまえで、ふたりが「ごめんなさーい」というのをまちました。

けれど、ふたりはあやまりませんでした。さとしは先生が自分のことばを無視したことに腹をたて、あきらは悪いのはさとしなのにとうらみがましく思っていたからです。

それで、押入れの中はどうなったでしょうか。さとしはミニカーをあきらに返します。「さっきはごめんね。ミニカー、かえすよ。これであそべよ。」

上の段から伸ばされたさとしの手にあきらの手がふれます。ふたりは上と下から汗でべとべとの手をにぎりあいます。あきらは、ポケットからもうひとつもっていたデゴイチのミニ蒸気機関車を出して、さとしに渡します。ふたりは闇の中で、おもちゃで遊びはじめたのです。中の気配に先生も気をもみはじめます。

■保育園のリアル

ここまでのところで注目すべきは、共作者、とりわけ文章を書いた古田が、保育園のリアルにこだわっているところです。古田は、「さとしとあきらは、おひるねのじかんにあばれまわっていたので、おしいれにいれられてしまいました」などとかんたんな書き方はしません。引用箇所のまえに「やめなさい ふたりとも。」とみずの先生は怒り、それでもやめなかったふたりは、女の子の手を踏んづけたり、だれかの足を蹴っとばしたりしています。

読者の子どもも、それじゃ押入れに入れられちゃうのもしょうがないな、と思ってしまいます。と同時に、でもそういうことってあるよな、と大半の子どもは自分の体験として思い当たったりするのです。だから、昼寝中のはずの子どもたちも押入れの戸を見てハラハラしていたのでした。

もうひとつ、押入れの中のふたりがあきらの持ちこんだミニカーで遊ぶことで元気をとりもどすところも、おもしろいなあとぼくは思います。おもちゃはあきらの私物であって、厳密には保育園の秩序の及ばないものです。だからミニカーとデゴイチは、保育園秩序を紊乱(びんらん)したふたりの護符にもなったといえます。おもちゃを手から放さない限り、子どもはささやかな「反抗」を生きることができたはずでした。

■押入れの奥はねずみばあさんの国

しかし、なにしろ押入れの中はまっ暗で、ベニヤ板の模様がトンネルのように見え、壁のしみがねずみばあさんの横顔のようにも見えてきます。そしてその横顔がこっちをむいたその瞬間、あきらは思わずミニカーから手をはなし、上の段のさとしのデゴイチもひとりでに動き出して、トンネルの中に入っていってしまったのです。

護符の効力がうすれると、押入れの中はねずみばあさんの魔力が支配するあやしい世界に変貌しました。無数のねずみがあきらにとびつきます。それを上の段からさとしが引っぱりあげて、ふたりはトンネルの中に逃げこみました。高速道路から下水道へ、懸命に逃げつづけますが、どこにもねずみの大群が……。ついにふたりはつかまってねずみばあさんのまえにつれていかれました。

――ねずみばあさんはいいました。

「おまえたちはにげまわって さんざんわしをてこずらせたな。でも、わしはやさしいばあさんだから、おまえたちがあやまるならたべもしないし、このちかのせかいからもだしてやる。」

ふらふらのさとしは ねずみばあさんにみつめられると、もうどうでもよくなって、「ごめんなさい」といいそうになりました。

すると、あきらがさけびました。

「ぼくたち、わるくないもん。ごめんなさいなんて、いうもんか！」


そのとき、あのミニカーとデゴイチがやってきて、「こどもが のれるぐらいの おおきさ」になったのです。その強烈なライトと蒸気がねずみばあさんの眼の光にうち勝ちました。ねずみばあさんもねずみたちもみんな逃げていきました。ふたりは勝ったのです！

■子どもによる保育園の変革

保育園のリアリズムからはじまったこの物語は、やがてファンタジーに変質していきますが、むろん最後はリアルなさくらほいくえんです。さとしとあきらは「ごめんなさい」をついにいわぬまま押入れから出してもらいます。

つぎのひから、みずのせんせいは こどもをおしいれにいれなくなりました。かわりに こどもたちが、じぶんでおしいれにはいるようになりました。さとしがみんなに、「おしいれってねずみばあさんのくになんだよ。だいぼうけんのできるところなんだ。」と、はなしたからです。

子どもだって、保育園を、つまりは状況を変えることができるというラディカルなメッセージが、この物語にはこめられています。最終ページ、冒頭の見開きと同じ構図の保育園全景が描かれますが、そのキャプションは、「さくらほいくえんには、とてもたのしいものがふたつあります。ひとつはおしいれで、もうひとつはねずみばあさんです。」に変わっていました。

『くまの子ウーフ』

■はじめて自分ひとりで読む本

小さい子どもが、ひらがなを自由に読めるようになり、添えられた絵をたのしみつつ、お話の世界や登場人物の行動や気持ちの動きを、頭の中に思い描けるようになるというのは、考えてみればとても不思議なことです。ぼくたちは一体どのように

『くまの子ウーフ』
神沢 利子／作
井上 洋介／絵
ポプラ社　1969 年

して本が読めるようになったのでしょうか。

神沢利子の『くまの子ウーフ』は、すみからすみまで大好きな本なのですが、それは読むたび、この本を読むのにふさわしい小学校低学年の子の気分にひきもどされてしまうからです。はじめて文字を読むときの高揚感というか、奇妙な陶酔のうちにウーフと一体化している自分に気がついて、われながら驚いてしまいます。

それとこの本、つくりがいいんです。まず井上洋介が描く表紙のウーフの肖像！　ぬいぐるみではない本当のくまの子です（青いズボンこそはいていますが）。まじめな顔して正面を向いています。はじめて会う読者に「よろしく！」なんて笑いかけたりしません。うーん、こいつがウーフか、と読者は心をひきしめるでしょう。本文の前にウーフと両親のカラーイラストもついています。両親といっしょだからか、こっちのウーフの表情はいくらかおだやかに見えます。

そして次がまえがきです。全文引用します。

ぼくは　くまの子
うーふーってうなるから、
名まえがくまの子ウーフ。
あそぶのがだいすき、
なめるのとたべるのがだいすき。
それから
いろんなことをかんがえるのもね。

どんなことかって？

うーふー　さあ、よんでみてくれよ。

この本の作り手たちのこういう丁寧さが、ぼくは好きです。この本がその読者の、ひとりで本を読む最初の一冊なのかもしれません。なんの心配もいらないよ、さあ、本の世界にとびこんでおいでと作者たちはよびかけているようです。

■小さい子の世界認識の流儀

この本には九編のお話が入っていますが、その中から「ウーフは　おしっこでできてるか？？」というのを読んでみます。

ウーフの朝ごはんはパンとはちみつと目玉焼き。おかあさんがたまごをぽんと割ったのを見て、ウーフは感心してしまいました。「ぽんとわったら、いつもきまったものがでてくるんだ。ぼくならなんでもよくまちがえるのにねえ。ちっともまちがえないね。」

おかあさんは、わけがわからずに「それ、なんのことなの。」と幼い息子に聞きます。

「あのね、たまごの中からビー玉やら、マッチなんか、でてこないねってこと。」

これにはおかあさんも笑ってしまいますが、なにがあたりまえでなにが不思議なのか、まだウーフにはよくわかっていないのです。たまごは黄身と白身でできている。これは日頃の観察と食習慣からわかります。ではおさじは？　パンは？　いすは？　コップは？　目に入るものひとつひとつ「なんでできているか」をおとうさんにたずね、教えてもらいます。そして、はればれとこういいます。

「へえ、ぼく、なにがなんでできてるか、すっかりわかっちゃった。よし、きつねのツネタくんにも教えてやろう。」

はりきって外に遊びにいったウーフは、きんぽうげの野原で、毎日一個ずつたまごをもらうめんどりに会いました。めんどりのおなかのあたりをじろじろ見るうち、ウーフは質問せずにはいられなくなりました。


「めんどりさんのからだに、たまご、いくつはいってるの。百くらい？」

と、ウーフがたずねました。めんどりはくびをかしげました。

「さあね、かぞえたことがないのよ。百よりおおいんじゃないかね。」

「ふう！」

ウーフはうなりました。

「なら、めんどりはたまごでできてるんだ。」

「たまごでできてるって？」

「ホットケーキはたまごとこむぎこでできてるんだよ。そいでね、めんどりはたまごでできてるってやっとわかっちゃった。」

コッコッコッコッ、
めんどりはなにかいおうとして、目をぱちくりさせました。そのひょうしに、草の上にたまごをぽんと、うみおとしました。

「あっ、ありがとう。」

ウーフは、うみたてのあたたかいたまごを手にのせて、めんどりとわかれました。

おかしいでしょう？　でも、わからないことだらけのこの世界を受けとめ、かたはしから諒解しようとする小さい子の精いっぱいの認識論と論理学の初歩的形成に、ぼくは感動を覚えます。似かよった知識や経験を統合してウーフはついにひとつの真理にいきついたのです。少なくともきつねのツネタに会うまでは……。

■意地悪な問いかけ

ツネタはウーフより少し年上らしく知恵がまわります。ウーフが得意そうに「めんどりはなんでできているか　あてたらえらいよ。」というと、クールにこういいきります。「めんどりはガラと、肉と羽でできてるのさ。しらなかったのかい。」むろん、ウーフは断然反論します。「めんどりはね、たまごでできてるの！」するとツネタは逆に聞き返してきました。「ウーフ。するときみはいったいなんでできてるんだい。」「うまくこたえられなかったら、このたまご、もらっちゃうからな。」ともいいます。どうやらツネタのねらいは、ウーフの手の上のたまごにあったようなのです。

自分はなんでできているのか？　これは難問です。「自分とは何か？」と問われているのですから。困っているウーフにツネタは追いうちをかけました。

「めんどりはたまごをうむ。けれど、ウーフはうまないよ。うまないかわりに、からだからだすのはおしっこさ。はは、ウーフはね、おしっこでできてるのさ。」そういうとツネタはたまごを奪って逃げました。

「うそだい。おしっこでなんかできてないやあ。」とウーフはツネタにとびかかります。これはもう論理学の問題ではありません。実感と誇りの問題です。

ツネタを追いかけるうち、ウーフは石につまずいてころびました。とがった小石が足にささり、血が出てきました。「いたいよう」と泣き出すと、涙も出てきました。

■ぼくはぼくでできてる！

草の上に寝ころんで青い空を見上げました。足がズキンズキンうずきます。歩くのは大変そう。そこで草原をころころころがって家まで帰ることにしました。ころがりながらウーフは思います。

「足がいたくたってもへいきだい。ころころころころ、おもしろいや。ぼくは、ウーフさ。くまの子のウーフはいたいと思ったり、たべたいと思ったり、おこったり、よろこんだりするんだ。おしっこなんか、そんなことかんがえっこないさ。ころがって帰るなんてすてきなこと、なみだも、ちもかんがえつかないさ。」

そしてそのまま、ころがって家に帰りつきました。そして、誇らしげにこういったのです。

「ねえ、おかあさん、ぼく、わかったよ。ぼくね、なんでできてるかっていえばね。」「ぼくでできてるの！ウーフは、ウーフでできてるんだよ。ね、おとうさん、そうでしょう。」

これで、このお話はおしまいです。小さい子のことばや仕草を無視したり、粗略に扱ったりしたら、バチが当たりますからね！

『ふたりはともだち』

■かえるとがまがえるの友情物語

『くまの子ウーフ』でもおわかりのように、幼年童話はその舞台設定も、登場人物の関係も、そこでくりひろげられる〝事件〟も、ひどく単純です。小さい子でもすぐに「ああ、そういうことか」と納得でき、「それで、それで？」と先を読みたくなるように巧みに構成されています。

しかも、それでいて再読、三読に十分耐える――というより、時をおかずまた読み直したくなる、そんな不思議な力を秘めています。そういう作風の典型といえば、アーノルド・ローベル（一九三三～一九八七年）の『ふたりはともだち』（一九七〇年）をはじめとする連作の四冊（いずれも三木卓訳　文化出版局）でしょう。

これは、かえるくんとがまくん（がまがえる）の友情の物語で、各冊五編の短いお話がのっています。緑と茶色とスミ（黒）の三色刷の絵ももちろんローベルが描いています。かえるくんもがまくんもそれぞれ自分の家（なんと庭つきの！）を持ってはいますが、家族はいません。つまり、だれの干渉も受けることなく自由気ままに生きているのです。小さい子にとっては、理想的な境遇といってよいでしょう。ふたりは、おたがいの家を訪問しあい、おしゃべりし、遊びます。

『ふたりはともだち』
アーノルド・ローベル／作
三木 卓／訳
文化出版局　1972年
（原書初版1970年）

■がまくんは手紙をもらったことがない

では、『ふたりはともだち』の中の「おてがみ」と題する一編を読んでみましょう。ある日、かえるくんががまくんを訪ねると、がまくんは悲しそうな顔をしてポーチのいすにかけていました。わけを聞くと、あてのない手紙を待っているのだといいます。がまくんはまだ一度も手紙をもらったことがなかったのです。手紙の配達がありそうな時間には、ポーチで庭の入口に立つ郵便受けを見守っているのですが、毎日空振りなのでした。

その話を聞いて、かえるくんは大急ぎでわが家にとってかえし、一通の手紙をしたためました。そして、それを知りあいのかたつむりに託します。

それからまたがまくんの家に出かけて行きます。がまくんはベッドで昼寝していました。かえるくんはがまくんを起こし、もうちょっと手紙を待ってみようと提案します。しかし、がまくんはもうすっかり落胆してしまい、いつ来るかしれない手紙を待ちつづける気力は消え失せていました。

でもかえるくんは違います。自分が書いた手紙が必ず届くのです。早くそれを見せたい。そして喜ぶ親友を見たい！　それでかえるくんは何度も窓辺に行って、郵便受けを見はりました。かたつむりの姿はいっこうに現れません。

■絵は文字ほどにモノをいい

この本の魅力のひとつは、疑いもなくローベルの美しい挿絵です。このお話では全く同じ構図の絵が二枚描かれています。二ページつづきの上半分をつかった横長の絵で、左端にがまくんの家のポーチ。ふたりは玄関前の階段にならんですわり、右端に描かれた郵便受けを見ています。

一枚目は来るあてのない手紙をむなしく待っているところなので、二人の目には力がありません。ふたりともひざの上に両手を組んで、祈っているようなポーズです。

ところが二枚目になるとふたりの表情が微妙に変化します。がまくんの目も少し大きく見開かれ、かえるくんはほほえみつつなにかしきりにがまくんに話しかけているように見えます。しかも、かえるくんは腕をうしろにまわし、がまくんの肩をだいています。一体何があったのでしょうか。文字を読むのより絵を読むのが得意な小さい子は、このページをあけた瞬間、何かの異変に気づくはずです。ではその絵の下の文章を引用します。

しきりと窓をのぞいて「てがみをまっている」というかえるくんに、「でも　きやしないよ。」とがまくんはいう。そのあと、会話は意外な展開をとげたのでした。


「きっとくるよ。」かえるくんがいいました。

「だって、ぼくが きみにてがみ だしたんだもの。」

「きみが?」がまくんが いいました。

「てがみに なんてかいたの?」

かえるくんがいいました。「ぼくはこうかいたんだ。『しんあいなるがまがえるくん。ぼくはきみがぼくのしんゆうであることをうれしくおもっています。きみのしんゆう、かえる』」

「ああ、」がまくんが いいました。

「とてもいいてがみだ。」

それからふたりはげんかんにでて てがみのくるのをまっていました。
ふたりともとてもしあわせなきもちで そこにすわっていました。

■そして、友情の核心へ！

「いままでだれもおてがみくれなかったんだぜ。きょうだって、おなじだろうよ。」と、失意のあまりすっかりふてくされてしまった親友を、もうこれ以上一秒だってほうっておくことはできません。そう思ってかえるくんはついにネタばらしを決意します。

そのくらいなら自分で手紙を持参すればよかったじゃないか、と思うのは、心を見失った合理主義者のおとなだけです。かえるくんはがまくんに、できることなら手紙が届くところを見せたかったのでした。でも、かたつむりの歩みは遅すぎました。

あろうことか、かえるくんは手紙の内容をすっかりがまくんに伝えます。それにたいしてがまくんが「ああ、とてもいいてがみだ」と感に堪えないといった風情でつぶやくのもいいですよね。かたつむりががまくんの家に到着したのは、四日後だったそうです。それまで毎日ふたりはしあわせを持続させて待ちつづけました。

万事おっとりしていて疑うことを知らないがまくんと、なにかと世話をやくかえるくんのキャラクター設定は、全作を通じて一貫しています。それでいて物語が変化に富み、パターン化に堕していないのは、作者がその設定に依存せず、かえるくんらしさ、がまくんらしさの振幅いっぱいに感情のさざ波を立てつつ、テーマの核心をふたりのあつい友情にしぼりこんでいるからでしょう。

ほかにも「おちば」（『ふたりはいつも』一九七六年所収）、「ひとりきり」（『ふたりはきょうも』一九七九年所収）なども、ユーモラスなのになぜか胸に迫る傑作です。これらを読むたびぼくは、だれに対してであれ彼らほどやさしくなかった、とつくづく思います。

それにまた、なんでもメールですませてしまう時代に「おてがみ」のこの味わいがいつまで通用するものか、とふと不安になったりもするのです。

■ちょっとおまけ

アーノルド・ローベルが友だちにプレゼントした一〇枚のかえるの絵が、二〇〇八年に発見されました。プレゼントされた友だちが亡くなり遺品が競売にかけられたのだそうです。『ふたりはともだち』より一〇年近く前の素描と思われます。ユーモラスな詩も添えられていました。モノクロームだったそれにアーノルドの娘エイドリアン・ローベル（舞台美術家）が彩色をほどこし二〇〇九年にアメリカで出版されました。〝がまくんとかえるくんシリーズ〟の原点ともいえるこの本、アーサー・ビナードの訳で日本語版（『カエルもヒキガエルもうたえる』（二〇一〇年　長崎出版）が出ています。関心のある方はどうぞ。ちょっとマニア向きかな？

ややこしい年頃につきあう

子どもからおとなになるということは、だれにとっても命がけの難事業です。ただおとなになってしまうと、そのことを忘れてしまう人が多く、きわどいカーブを曲がろうとしている若い人に知ったかぶりの助言などをしたがります。彼らに必要なのは、共感と穏やかな微笑だけなのに。そして、傷ついたかつての自分のことを記憶しつづけることなのに。

『朝はだんだん見えてくる』（1977 年）
岩瀬 成子／作

『A DAY』（1986 年）
長崎 夏海／作

『13 歳の沈黙』（2000 年）
E.L. カニグズバーグ／作

した。

『朝はだんだん見えてくる』

■バイクで走る（ただしタンデムシートで）

この作品を紹介するときは絶対冒頭の数行を引用しようと、ひそかに心に決めていました。ところがどうでしょう！　今江祥智さんがとっくの昔にそういう岩瀬成子論を書いていたのでした。

> 体が浮く。
> 髪も服も、風といっしょにすっ飛んでいきそうだ。息ができない。苦しい。ノブオにしがみついていても、タイヤが小さな石ころひとつ、はじきとばしたくらいで腰がふわっと浮く。（略）
> 走ってる、走ってる。奈々は心の中で繰り返した。いま手を離したら、どうなるか——紙切れみたいに飛ばされて、ペチャンコになってしまう……。その思いが奈々にとりついて、かえって、いまにも手を離してしまいそうな気がしてくる。奈々は震えながら、ノブオのお腹にまわした腕に、ギュッと力を入れた。

主人公の中三の少女奈々が、ジャズ喫茶で知りあったノブオのバイクのうしろに乗って町を疾駆するシーンです。ここに示される奈々の不安と緊張が、この小説全体にみなぎってもいて、そういう意味でこの第一ページ目の全文は象徴的な役割を負っているように思えます。

『朝はだんだん見えてくる』
岩瀬 成子／作
長 新太／絵
理論社　1977 年
（新版 2005 年）

奈々は、学校の教師の抑圧的な管理と、ひたすら主観的な「よい子」像を押しつける両親に反発し、その結果、一学期終了時、惨憺たる成績表を受けとることになりました。小学校以来の友だちトモ子の「常識派ぶってる」ものいいにカッとなって、奈々は叫びます。「あたしはね、あたしは、ただ……やりたいことをだれにもじゃまされずにやりたいだけよ」

だれにもじゃまされずにやりたいことをやりつづける少女の悪戦苦闘を二学期終了までの約半年間、作者は少女の内面に深く分け入り、なおかつ彼女をとりまく社会的な激動をも視野に入れてみごとに描きます。なみの「中学生もの」と異なる作品世界は、その舞台をベトナム戦争終結の直前（一九七二年）の岩国市（作品中ではI市、アメリカのベトナム攻略の前線基地がある）に設定したことによってきわだってきます。

■新しい出会いから少し道がひらける

夏休みの後半になっても宿題は全くかたづいていません。ジャズ喫茶に入ってハイライトを吸い、ときにはビールをのんだりもしますが、むろん気は晴れず、ふと思いたって暑い部屋にたてこもって絵を描きはじめます。奈々は一応美術部なのでした。いったい、自分は何をやりたいのか、どう生きたいのか。その問いを白いキャンバスに向かって問おうというわけです。

そして画材店で、レイというドロップアウトしかかっている女子高校生に出会います。レイは奈々の見ている前でペインティングナイフを一本万引きします。そして、「驚いて目を見ひらいている奈々のそばに、さりげなく寄ってきて、彼女は低い声でささやいた。『ヒミツをもらすと、イノチはないよ、お嬢さん』『えっ！』奈々が驚いて顔を見ると、彼女は、にっこり笑っていた」。

いいでしょう？　この出会い。本当に必要な友だちとのはじめての接触って、たいていこんなものです。レイは奈々にとってはじめて自分が大切だと思うことを何でも話せる友人になります。年齢がひとつ上ということもあって、適度な距離を保ちつつ、というのもよかったのでしょう。

実はこの日もうひとつの出会いがありました。奈々は画材店に行く前に駅前でロック・コンサートのビラを受けとっていました。レイにもそれを見せ、ふたりで行こうかということになります。会場はコーヒーハウス《アリス》。では、奈々といっしょにみなさんもコーヒーハウス《アリス》へ、どうぞ。

思いきって押すと、扉はガランガランと呼び鈴をならして開き、後でバタンとしまる。いらっしゃあい、入り口近くのカウンターの中で、男の声がした。白い壁につるしてある引きのばしたデモの写真が目にとびこんできた。ここは、奈々は苦々しく思い出した。ここは反戦喫茶なんだ。中学生は立入禁止だったんだ。

しかし、奈々は作りつけのベンチに座り、店内のポスター、ブロックと板でしつらえた本棚、ベニヤ板のスピーカー、ろうけつ染めのクッションやのれんを眺めるうち、「店全体が手造りであることを示す粗雑さを好きになっていた」のでした。レイとの出会いと同じです。《アリス》もまた、奈々がやりたいことをだれにもじゃまされずにやろうとしているその志と響き合うものをもっていたのです。

これが縁で奈々が社会にめざめ反戦少女に成長していく、というわけではありません。そういう性急さ、おとなの頭で安易にでっちあげてしまうストーリー性を最も嫌うのが、岩瀬成子という作家なのです。最後まで奈々はもだえ苦しみつつ一歩一歩のろい歩みをつづける〈ふつう〉の少女のままです。

■《アリス》のモデルのことなど

夜中まで《アリス》で踊り狂った奈々とレイはすっかりこの店が気に入ってしまい、ふたりの絵を個展ふうに壁に飾ってもらおうと思い立ちます。奈々は自画像の完成にむけて努力を傾けます。

しかしいよいよ絵の搬入という日、《アリス》に家宅捜査が入り、奈々は職務質問を受け、持ち物検査までされてしまいます。やりたいことをじゃまするのは、親や教師ばかりではありません。そういう無責任なおとなの背後で、おとなたちを操る国家権力こそがじゃまの張本人なのでした。そのことを奈々は屈辱にまみれつつ理解します。

ここまで読んでおわかりのとおり、《アリス》は一九七二年岩国で開店した反戦喫茶「ほびっと」がモデルです。ほびっとは一九七二年六月四日に銃刀法違反の容疑（岩国基地から流れた自動小銃が赤軍派に渡ったとされるでっち上げ）で家宅捜査を受けたのですが、むろん証拠も没収すべきものも何ひとつ見つかりませんでした。

ほびっとのマスター中川六平さんの『ほびっと　戦争をとめた喫茶店　べ平連1970-1975 in イワクニ』（二〇〇九年　講談社）によると二〇代はじめの岩瀬成子さんもよくほびっとに出入りしていたようです。ほびっとで開かれた今江祥智さんの講演会を聴き、それがきっかけで今江さんの京都の短大での授業を聴講するようにもなりました。児童文学作家の岩瀬成子の出発点はほびっとにあったといえるかもしれません。作家より七〜八歳若く設定された同時代人奈々が《アリス》を若い人生の拠点に選んだのもそのせいでしょうか。

教師や親と奈々の論争をどこかで引用したかったのですが、スペースがもったいないと思ってやめました。教師や親の論理のすりかえや、自分の思いどおりのコースを子どもに押しつける傲慢さ（しかもいつも「おまえのためだ」と恩を着せる）は、どうも国家の民衆支配のまねなんですね。人は自分が支配されているようにより弱い人を支配したがるものなのでしょうか。

この本の父や母や教師のいいぐさを読んで顔の赤らむ思いのする人は、まだ見込みがあります。わが意を得たりと思う人は、絶望的な多数派であることだけを心の支えにしてください。

なお、岩瀬さんの自伝的エッセイ『二十歳だった頃』（二〇〇二年　晶文社）もとてもおもしろいです。この本の編集にあたったのはなんと中川六平さんだったのです。

『A DAY』

■優等生であるよりも自分らしくありたい

この『A DAY』は、忘れたふりをしてきた少年時代のあの痛切な自己凝視の感覚を、まざまざと思い出させてくれる小説です。おとなの期待に応え思惑にそって暮らしていれば、子どもはおとなに愛され、ほめられたうえいくらかの「自由」が認められるのですが、思春期に至り「自我」というやっかいなものに目覚めると、すべてが色あせてきます。

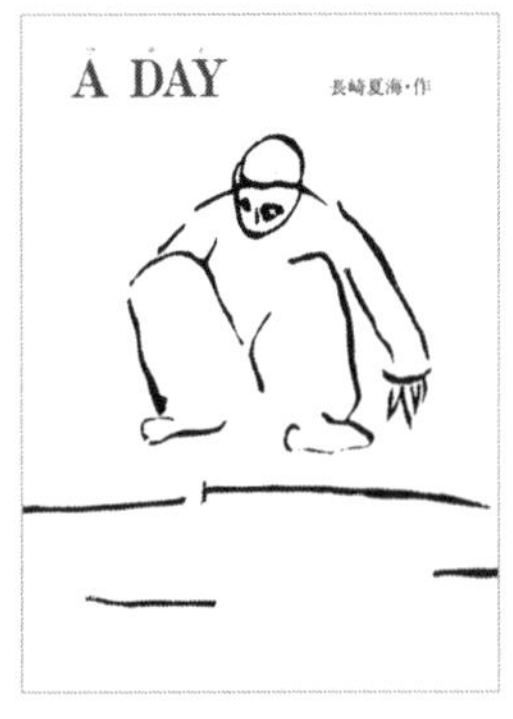

『A DAY』
長崎 夏海／作
アリス館（1986 年）

この小説の主人公・藤田晃は小学校までは優等生でとおっていました。わけあってデパート勤務の母親とふたりぐらし。

教師は晃をかわいがっていたし、母親もそんな晃をじまんにしていた。
いたずら者だけど、明朗活発なよい子――。そんな自分への評価を、晃はよく知っていた。（略）
親や教師にどう思われるか――。自分がどう思うかよりも、晃にとって大切なのはこのことだった。

けれど中一も三学期になったいま、晃はそういう自分が許せないのです。

晃はタバコのけむりを、深々とすいこんだ。
いい子の名も明朗活発の名も、すべてぶちこわしたかった。自分は自分だといい切ることさえできるなら、不良の看板だろうがなんだろうが、背負ってやってもかまわない。
これは反抗なのだ。晃をヨイショして頭なでてきたおとなと、うそをつきながらその中で得意がっていた、かつての自分への反抗なのだ。

一体なぜ優等生だった晃が中ラン（既成のものより丈の長い学生服の上着）を着、髪をなでつけ、ペチャンコのカバンひとつで、遅刻しても全然気にせずに登校するような「不良」になってしまったのでしょうか。
それにはいろいろわけがあってなんてことは作者は決して書きません。非行少年になるのに合理的な説明など、はじめからないのです。合理的ではないけれど、原因とか理由とかの片鱗ぐらいは、よく探せば見つかるかもしれません。しかし、それは本人にしかできないことです。そしてもし晃や晃の仲間が「実はこういうわけで」と正直におとなに訴えたとすれば、どうなると思いますか。無視されるか殴られるか、どっちかです。合理性を欠く自己主張をおとなはツッパリだの、非行だのと断罪してきたのですから。

■ツッパリはアイデンティティの問題

でも片鱗は、作品中にもいくらかちりばめられています。晃の父親は「よそに女をつくり」、それが原因で別居しています。でも、晃にとって重要なのは「よその女」のことではありません。「許せないのは、それをかくして、いい父親の顔をしていること」であり、「そんな父親を前にして、なにもいえずにつっぷしてしまう自分」なのです。

「ほしいのは力だ。」と晃は思います。

ダサイ自分をぶち破る力、自分は自分だと、どこででもいい切れる力がほしい。
そしてその力で、インチキなまわりも全部ぶちこわしてやるんだ。

親子関係をめぐってもうひとつ晃の同級生近藤宏の例もあげておきます。宏の母親は彼が小学校のとき病気で死んでいます。「おふくろは、おやじが殺したようなもんだ」とも「おやじのつくった墓なんか、ぶっつぶしてよォ。おれの手でほおむってやるんだ」とも晃たち仲間に話していました。

この宏を担任の女教師は、この学年のツッパリの元だとみていて、晃にも宏とつきあうなと忠告しています。宏とのつきあいがどの程度のものなのかしつこくさぐりを入れながら、「宏が、どうかしたんですか」という晃の質問には答えず、「お家がねえ、もう少しまともだったら、ちがうんだろうけど……」などと意味ありげなことをいいます。

晃の成績が落ちているのも宏の悪い影響のせいではないか、と疑っているのです。「あなた、やればできるんだから」「近藤君とはちがうんだから」

非行は家庭からという理屈は、家庭の問題には立ち入れないという教師の免罪符をふくめて、学校には都合のいい「合理的な説明」なのでしょう。

その学校に対して宏は、物語の終り近くでこうもいっています。

「おれのおふくろはね、おれが12のとき死んだよ。そんとき、学校が何してくれたよ。先公(センコー)はいったね。『近藤君の将来について、よりよい方向のために、みんなで考えましょう』おれがほしかったのはね、能書きじゃねえ、はげましのお手紙といっしょの空涙(そらなみだ)でもない。飯だよ。安心させてくれる金だよ」

晃の場合も宏の場合も、家庭環境は重要ではあってもひとつの条件にすぎません。その条件を自分がどう受け止め、そこで何ができ、何ができなかったかを総点検した結果、彼らはツッパることを選んだのでした。ツッパリは、はっきりいってある時代のある世代にとってアイデンティティの問題だったのです。そして日本の公教育は子どもの人権を無視した体罰と恫喝で、これを弾圧しました。

■生きている手ごたえを探して

この小説の山場は、晃たち東中のツッパリが対抗する西中に殴りこみをかけるところのはずですが、西中の教師が割って入ってきたことで殴りあいは数分で終り、あとは逃亡劇になります。晃のアパートの前にも西中の連中が張り込んでいます。宏がカギのありかを知っていた立ち食いソバ屋の店員のアパートへ無断で入りこみますが、ここも長居はできません。

——なんで、にげてんだろ。

考えてみれば、きょうは1日中走りまわっていた気がする。

——いったい、何からにげてるんだ？

西中のやつらから、立ち食いそば屋のやつから、確かにそうだけど、なんだかそうじゃないような気もしてくる。にげてるというよりむしろ、ずっと前から何かに追いたてられているような気がするのだ。（略）

ぼんやりとよろめきながら歩いているうち、リオに向かうはずが、つい自分の家の前まできてしまった。母親の部屋にオレンジ色の明かりがみえる。

晃は、パックに入ったまんまのコロッケやつけものなんかを、ひとりでつついている母親の姿を思った。どうしようもなく、たまらない気分が押しよせてきた。

西中とのケンカは、二年先輩のシンジと西中のボスとのタイマンで決着がつきました。しかし、その勝利を誇らしく語るシンジに、晃は違和感を禁じ得ません。自分がやりたかったのは、ケンカや喝あげなんかじゃない。

ケンカの余波はさらに広がり、やや広域のツッパリたちの抗争に発展し、パトカー出動という騒ぎになるのですが、晃が現場にかけつけたときはすべてが終わっていました。

晃は、自分にとってツッパるとは、どういうことだったんだろうと自問し、「自分が生きているという確実な手ごたえ」を探し続けることだと結論します。十三歳にとって正統的な結論だろう、とぼくも思います。

■ちょっとおまけ

ところでこの本の著者、長崎夏海さんの自伝エッセー『長崎夏海の直球勝負』(二〇一二年 プラス通信社)をご紹介します。『A DAY』がどのようにして生まれたのか、夏海さんがどんな中・高校時代を過ごしてきたのか(むろん多感なツッパリ少女でした!)、数々のエピソードをまじえて語られます。『A DAY』で、なぜツッパリ少年の繊細な心理のひだをあれほどさりげなく描き出すことができたのか、その秘密がこの本には詰まっています。ぜひご一読を!

『13歳の沈黙』

■カニグズバーグという作家

『13歳の沈黙』を書いたエレイン・L・カニグズバーグ(一九三〇~二〇一三年)は、現代アメリカを代表する児童文学作家のひとりで、一九六七年のデビュー作『クローディアの秘密』以来二〇冊ほどの中身の濃い作品を発表しつづけ、日本でもよく読まれています。ただし、この『13歳の沈黙』は二〇〇一年に岩波書店から〈カニグズバーグ作品集〉（全九巻＋別巻一）の九巻目として出版されたのですが、その後岩波少年文庫にも入れてもらえず、いまだ評価が定まらないまま忘れられかけています。作品集の第一回配本だったのに残念だなあ、とぼくはずっと気にかかっていました。

　カニグズバーグの作品の特徴は、まず第一にアクチュアリティです。現代の子どもたち（特にアメリカの）が避けてとおれない困難な事態を、現実的具体的な環境設定のもとで大胆に提示します。そして第二にその語り口です。子どもたちの心理のこまかいひだをやさしくめくるようにして、子どもたちの体験や見聞を描き、ひとつの物語として構成していくところ。

　この物語では親の離婚と再婚という事態が思春期の少年の心にどんな葛藤をもたらすか、そしてその不安と孤独からどのように脱出していくかというシリアスな主題が扱われるのですが、ミステリーの謎ときみたいな巧みな構成と展開に読者はすっかり心を奪われてしまいます。子どもをたのしませることができなくてなにが児童文学だ、という作者のつぶやきが聞こえてきそうです。

『13 歳の沈黙』
E.L. カニグズバーグ／作
小島 希里／訳
岩波書店　2001 年
（原書初版 2000 年）

■沈黙のはじまり

13歳のブランウェル（以下ブランと省略）が、二番目の母親ティナが産んだ赤ちゃんを落として頭を傷つけてしまったというのが物語の発端です。ブランはベビーシッターにいわれて救急隊に電話をかけた直後から、全くことばがしゃべれなくなってしまったのです。ベビーシッターのビビアン・ショーカート（イギリスからの留学生）は救急車の中でこう証言しました。

――午後のお昼寝をさせようと、赤ちゃんをベッドに寝かせて、自分の部屋に行ったんです、とビビアンは話した。電話でともだちと話したあとで、読書を始めたら、うとうとしてしまったんです、と。それは何時のことですか、ときかれると、ビビアンは、わかりませんと答えるしかなかった。気がついたら、ブランウェルの助けを求める叫び声で起こされていたんです。赤ちゃんの調子が、おかしくなっていたんです。こども部屋に入ると、ブランウェルがニッキをゆすって、起こそうとしているのが見えました。ブランウェルが落っことしたので、意識がなくなったんだと思います。人工呼吸をほどこしはじめてから、ブランウェルに911番に電話するよう命じました。電話はしたけれど、交換手が出ても、ブランウェルは麻痺しちゃったみたいでした。たずねられても、何も答えようとはしなくて。まったく、しゃべろうとしなかったんです。

文中のニッキというのが赤ちゃんの名前。911番って日本の119番です。そんなことより大事なのは、このビビアンの証言には重大なウソが隠されていたことです。この証言に従えば、ブランが電話口に出ながらひと言も発することができなかったのは、自分のしでかしてしまった過ちにうちのめされた結果というように読めます。しかし注意深く読めば、ビビアンも、少年が赤ちゃんを落としたとも、落としたのを見たともいってはいません。

このあいまいさに、読者も登場人物たちもみんなだまされてしまいます。ニッキは病院に急送され、脳から余分な液体を抜いて圧力を下げる手術を受け、ブランは、青少年保護センターに連れて行かれてしまいます。むろん、ひと言も発さぬまま。

■親友コナーの面会活動

ブランの苦境の核心に何があるのかもわからないまま、沈黙という異常事態を打開しようとするのが、ブランの親友コナーで、彼がこの小説の語り手でもあります。コナーは毎日青少年保護センターに通い、何もいわない友だちにむかって一方的に日々の見聞や経験を話しつづけます。友だちの心を開くカギになるようなことばを書いたカードも作ります。裏にはアルファベットを一文字ずつ書いて、質問の答えをそれで確かめようとします。まばたきをするのは関心がある証拠、二回まばたきをしたらイエスの意志表示。そんなコミュニケーションの文法（ルール）も作りあげていきます。

ここからがいいところなのですが、ちょっとその前にブランとコナーの家族関係についてかんたんにふれておきます。ふたりが住んでいるのは大学に隣接した住宅街で、ここには大学関係者が多く住んでいます。ブランのお父さんザンボルスカ博士は有名な遺伝学者ですが、お母さんはブランが赤ちゃんのとき交通事故で亡くなっています。そして息子が十二歳のとき博士はベトナムからやってきた「博士号をとった分子生物学者」ティナと恋に落ち結婚したのでした。

コナーのお父さんは博士と同じ大学に勤務する「学籍担当事務官」で、初婚の相手とは離婚していて、二度目の妻との間にコナーが生まれています。どうやら先妻の心理学教授のもとで勉強していた大学院生にのりかえてしまったらしいのです。先妻との間にはマーガレットという、いま二〇代後半の娘（コナーの姉）がいて、このマーガレットがブラン救出のためのさまざまな知恵を与えてくれます。

つまり、ブランは先妻の子で、二度目のお母さんとはうまくうちとけられないし、父の再婚にどこか仲間はずれされたような切なさを感じていて、同じ経験をもつマーガレットは、それゆえにこの問題に深入りしていくようです。コナーは、姉がいまでも父に会うとよそよそしくしていて、会話の中でもわざわざ「あなたのお父さん」なんていわれると、あのお父さんはマーガレットのお父さんでもあるのに、とちょっと不愉快になります。

親の離婚と再婚が、子どもに強い疎外感と孤独をもたらすことを改めて考えてみずにはいられません。そして思うのです。『ふたりのロッテ』のケストナーから、現代の児童文学はずいぶん遠くまで来てしまったなあ、と。

■やがて真相が、そしてその背後に

一方的に話し、まばたきとカードのアルファベットで短い答えをもらう連日の面会のはてに、コナーはついにビビアンのうそを見破り、ブランの沈黙の本当の理由を探りあてます。

真相はこうでした。ニッキが具合が悪くなったあの日、ビビアンはボーイフレンドを部屋に引きこんでいたのでした。熱が出てぐったりしていたニッキは、午前中から鼻水をたらし嘔吐をくり返していたようです。オムツも汚していました。泣きやまないニッキの声に、ビビアンは子ども部屋にもどり、赤ちゃんをバスルームに運んで汚れたお尻を洗ったのですが、そのとき赤ちゃんの頭をバスタブにぶつけてしまったのでした。

ぐったりしたニッキをまた子ども部屋のベッドにもどし、ボーイフレンドの待つ部屋に急ぎました。その直後ブランが帰ってきて、ニッキの様子を見るなり、「ビビ、こっちに来て、ニッキが変なんだ」と叫びました。

つまり、ビビアンは自分のしたことを、ブランがしたこととして証言したのでした。むろん責任のがれのためですが、そんなことが可能な微妙な関係がビビアンとブランの間に生まれていたのでした。

キュートでコケティッシュな二〇歳のビビアンがブランの家にやってきて間もなく、ブランは彼女に夢中になってしまいます。父と新しい母と赤ちゃんのこの上なく親密な関係から仲間はずれにされてしまった少年にとっては、全くやむを得ない事情でした。そして、あの救急車がきた日の少し前のこと、バスを使っていたビビアンが半開きのドアごしにブランをシャンプーをとってとよび入れたことがありました。背中を洗ってだの、バスタオルをとってだの、ビビアンは巧みに少年を挑発します。ことばが出るようになったブランはこう話します。


「……ぼくはビビアンにキスをした。首の曲線の、肩とぶつかったところにキスをしたら、何かが起こった。大人っぽいことが……起こったんだ。」

「バイアグラっぽい話?」

ブランウェルはうなずいた。「ビビアンはそれに気がついたんだ。ぼくのすぐそこに立ってたんだから、そうなったことを感じていたんだよ。むきを変えて、タオルを巻いたまま(でも巻ききらずに)真正面からぼくにむかいあうと、こう言ったんだ。『ブランウェル・ザンボルスカ、悪い子ね。』ぼくは何も言えなかった。何もできなかった。ぼくの力を超えたところで、起こったことなんだ、ほんとうに。ビビアンは、じっとこっちを見つめながら、秘密めいたほほえみを顔に浮かべたんだ。」

この秘密は固く守られなければなりませんでした。父やティナには、いやだれにも絶対に知られてはならないのです。それでそれ以降、ブランは恥の感覚からビビアンのいいなりになってしまいます。彼女が赤ちゃんの世話をなおざりにしてボーイフレンド（コナーは彼がピザ屋の配達人であることをブランの指し示すアルファベットから推測し、つきとめ、証言をとることに成功します）と遊んでいたこと、禁止事項のひとつである喫煙もしていたことなども、だれにもいいませんでした。ベビーシッターの代わりに少年自身がオムツを替え、あやし、赤ちゃんに気を配っていたのです。自分のことに夢中のおとなたちはだれひとりブランの孤独な悩みに気づきませんでした。

コナーは何か変だなと気づいていました。ブランを窮地から救いだすことができたのは、「バイアグラっぽい話？」と適確にツッコミが入れられたコナーだけでした。どんなすぐれたカウンセラーでも、事故の背後のこの秘密にまでは踏みこめなかったはずです。大事なのはカウンセリング技術ではなく、友情にもとづく共感なのです。

ビビアンに内面を支配されていた感受性の強い、そして身近なだれからも愛され受けとめてもらいたいと切実に願っていた少年は、とっさの事故の際ですら、「ぼくじゃない！」と叫ぶことができませんでした。

「ぼくは、声が出せなかった。話そうとしたのに、声が出てこなかったんだ。言わなきゃいけないことがあるのに、言わずにきたから、その見返りに、ぼくの声はびっくりして出なくなってしまったんだ。（略）話さなきゃいけないことがいっぱいあるのに、話さなかったんだ。だからぼくは、罰せられたんだ。それで当然なんだ。」

そうそう、ニッキは無事退院できました。

それにしても、子どもの重い沈黙に出会ったらよくよくのことなのだと受けとめましょう。「いいたいことがあるならいってみろ！」なんて、「だまれ！」といっているのと同じですよね。

ファンタジーを読む

ファンタジーは日常的な現実を超えたもうひとつの世界の物語です。魔法の力がはたらく時空では、思いもよらないことがたてつづけにおこり、妖精や魔女が活躍します。しかし、そういう非現実の世界の想像や表現が必要だったのは、イギリスの現実世界が子どもにとってあまりにも過酷だったからです。空想の中でしか子どもの心身の解放を実現することができなかったのです。

『水の子』（1863 年)
　チャールズ・キングスレイ／作

『風にのってきたメアリー・ポピンズ』（1934 年）
　P.L. トラヴァース／作

『妖精王の月』(1989 年)
　O.R. メリング／作

『ライオンと魔女—ナルニア国ものがたり 1』（1950 年）
　C.S. ルイス／作

『水の子』

■近代児童文学の先がけ

この章では古今のファンタジーをとりあげようと思います。まず、十九世紀なかばにイギリスで生まれた近代児童文学の先がけともいえるチャールズ・キングスレイ（一八一九～一八七五年）の『水の子』を読んでみます。キングスレイは牧師で著述家だったのですが、空想的（キリスト教的）社会主義の影響を受けた社会改良家でもありました。彼は、大多数の子どもたちに貧困と過重労働を強いて恥じない酷薄な社会への批判として、この煙突掃除の少年トムの物語を書いたのでした。トムは孤児で、読むことも書くこともできず、からだを洗うこともせず、祈ることも知りませんでした。そして、自分がそのような存在であることを気にしませんでした。

トムは泣いたり笑ったりして日を送った。暗い煙突の穴の中で、ひざやひじをすりむきながら登ってゆかなくてはならないとき、――いつものことだったが、すすが目に飛びこんだとき、――またこれもいつものことだったが、親方にぶたれるとき、――それから、これもいつものことだったが、食物もじゅうぶんもらえなかったとき、――こんな時にトムは泣いた。しかし、後の半分は、他の子どもたちと銅貨投げをして遊んだり、門柱

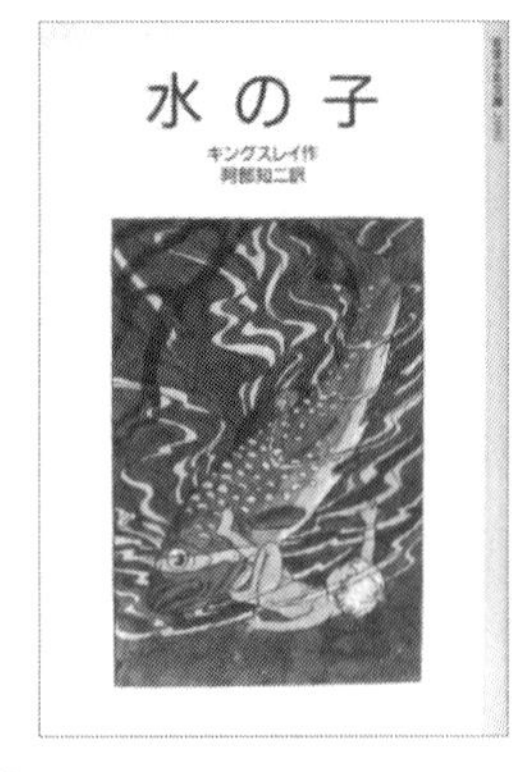

『水の子』
キングスレイ／作
阿部 知二／訳
岩波少年文庫　1952 年
（改版 1978 年、原書初版 1863 年）

を飛び越えっこして遊んだり、また、コッコッと歩いてゆく馬のあしに石を投げたりして、愉快に笑って暮らしたのだった。（略）煙突のそうじや、ぶたれること、食物の少ないこと、――そんなことは何でもない、とトムは思っていた。世の中って、そんなものだ。

このトムのような少年を主人公にして、十九世紀イギリスの現実を舞台に子どものための物語を書くとしたら、どんな構想が立てられるでしょうか。居酒屋でビールを飲みながら賭けトランプができる親方になるのが、トムの思い描ける最高の夢だったのです。そうして親方になったら、トムのような年端もいかぬ小僧を何かにつけてぶちのめしてウサをはらす、というわけです。こんな物語なんかだれも読みたくありません。そして、キングスレイも書きたくなかったのでした。

■美しい少女と鏡の中の自分

そこで、ファンタジーの方法を採用することになりました。この現実世界では決してしあわせになれない宿命を負った少年を、それでもしあわせにしようとすれば、現実をはなれて空想の世界に旅立たせねばなりません。

ある日の早朝、北イングランドのこの地方では知らぬ者とてない大金持ち、サー・ジョン・ハーソヴァーの大邸宅に、トムは親方に連れられて出かけました。何代にもわたって増改築を繰り返したそのお屋敷の煙突を掃除するためです。

建物の構造が複雑なため、煙突の数は多いし、煙突から煙突にぬける通路も入り組んでいて、トムはまっ暗な煙突の道で迷ってしまいます。そして「生まれてから今まで見たこともないような部屋」の暖炉の口からとび出してしまいました。そこはサー・ジョンの娘エリの部屋でした。寝台には少女が眠っていました。

――トムはおどろいて息もつまるほどだった。雪のように白いおおいの下に、雪のように白いまくらの上に、まだ見たこともないほど美しい女の子が眠っていた。ほおはまるで、まくらのようにまっ白だし、髪は金の糸のように、寝台のうえ一面に波うっていた。トムと同じ年ごろか、一つか二つ大きいくらいだったろう。しかしトムはもうそんなことは考えもしないで、ただその清らかな肌と黄金色の髪を見つめた。（略）この人はまるで天国からおりてきた天使のようだった。（略）

ふとその時、そばを見ると、みにくくて、まっ黒で、ぼろを着た小僧が、ただれた目を光らせ、白い歯をむき出して、しかめっ面をしながら、つっ立っているではないか。トムは腹を立ててその小僧に向かっていった。美しいお嬢さんの部屋で、このまっ黒な小ザルはいったい何をしようというのだろう。だが、やあ、――ちがっていた！それはトムが鏡にうつった影だった。こんなみっともないものを見たのはトムも初めてだった。

トムは生まれて初めて、自分はきたないのだということを知ると、恥ずかしくてくやしくて、とうとう泣き出してしまった。

そしてまた煙突にもどろうとして暖炉の鉄格子を倒してしまい、大きな音をたてました。エリは目をさまし、金切り声をあげます。それをききつけて乳母がとんできます。トムは乳母の手をのがれ、窓から脱出しました。お屋敷の人たちはトムを泥棒と勘違いして追ってきます。野を越え山を越え、トムは必死で逃げるしかありませんでした。

そうしてようやく川にたどりつき、早くからだをきれいにしたいと思い冷たい水の中にころげおちました。そのとき奇蹟がおこったのです。トムは水の中ですぐさま「いままでに知らないような静かな、快い、おちついた眠りにとけこんでいった」のです。

■子ども時代を生き直す

いいえ、死んだのではありません。トムは妖精の女王の力で「水の子」に生まれ変わったのです。水の子というのは、一〇センチたらずの両棲類なのだそうです。首にはレースのえり飾りのようなえらがついていて、小ウナギのようにすばしこく、はじめて川に登ってきたサケのようにきれいなのですって。ただし、岩波少年文庫版のさし絵では、五、六歳のはだかの男の子のように描かれています。

それはともかく、水の中でトムは幸福でした。だれもひどくこき使ったり、殴ったりしませんでした。ただたのしく遊んでいればよかったのです。しかしそれは、トムは知りませんでしたが、妖精たちが見守っていてくれたからです。妖精は、地上で経験できなかったたのしい幼児の時代をトムにとりもどしてくれたのです。そして、そこから立派な少年になり若者になるための試練もはじまりました。

といってもトムの腕白ぶりはそうかんたんには改まりません。水中昆虫をいじめたり、妖精の「報いのおばさん」のお菓子を盗み食いしたり。でも、みんな妖精にはバレていました。他者を傷つけてはいけない、やりたいことだけやっていたのでは社会の中でひとり立ちしていけない――こういう原則を妖精たちはしんぼう強く経験をとおして学ばせていきます。そして最後の試練は「ゆきたくない所にゆき、いやな人間を助ける」

というテーマでした。トムは、神の裁きを待っているあの煙突掃除の親方を助けるべく、「世界のはてのそのかなた」に向かうのでした。

でも、その詳細はとても書ききれません。それよりひと言書き添えたいことがあります。本当はトムは川に落ちて死んだのでしたが、それではあまりにも不憫なので水の子としての再生物語にしたのだ、という読み方も十分可能だ、という点です。ぼくもそう考えていた時期があります。しかし、キングスレイの意志というか願いは、もっと切実で強力だったように、いまは思います。

水の世界でエリとトムは再会し、友情を深めます。そして、陸の世界に帰ったトムは立派な科学者になった、とまでキングスレイは書いています。不幸な子どもの現実をなんとしてものりこえさせたいという作者のこの必死さは忘れられてはならないと思います。

『風にのってきたメアリー・ポピンズ』

■階段の手すりをすべり上がる！

現実にはあり得ないこと、おこりっこないことを、いかにも目に見えるように描くファンタジーの魅力をいかんなく発揮した作品『風にのってきたメアリー・ポピンズ』を紹介します。これは、ロンドンは桜町通り十七番地に住むバンクスさんという銀行家の家にやってきたメアリー・ポピンズというちょっと変わったナース（子守り）の物語で、一九三四年に出版されました。以後『帰ってきたメアリー・ポピンズ』（一九三五年）、『とびらをあけるメアリー・ポピンズ』（一九四三年）、『公園のメアリー・ポピンズ』（一九五二年）と続編が出版されました。イギリスでの人気の程がうかがわれます。

どうしてそんなに人気になったのか？　さっきメアリーのことを「ちょっと変わったナース」とごくひかえ目に紹介しましたが、実は世にもまれな不思議な魔法をあやつる特別な人だったのです。

それまで働いていたケティーばあやが急にやめてしまって困りはてているバンクス家に、風の強い夕方、メアリー・ポピンズはやってきます。バンクス家のふたりの子どもジェインとマイケルは、見てしまったのです。たしかにお客さん（ポピンズのこと）も、バンクス夫人（ふたりの子どものお母さん）につづいて二階へ上がってきたのです。しかし、ひどく変わったやり方でした。大きなバッグを両手にかかえると、階段の手すりを、すうっとすべり上がったのです。そして、バンクス夫人といっしょに二階につきました。こんなできごとは、ジェインとマイケルの知っているかぎり、けっしておこったことがないのです。下へというなら、なんでもありません。ふたりともよくやることです。だけど、上へなんて――とんでもない。子どもたちは、この、はじめてのふしぎなお客さんを、穴のあくほど見つめました。

でも、こんなのはほんの序の口でした。子ども部屋に落ちつくとメアリーはさっそく風変わりな大きなかばん

『風にのってきたメアリー・ポピンズ』
P.L. トラヴァース／作
林 容吉／訳
岩波少年文庫　1954 年
(新版 2000 年、原書初版 1934 年)

をあけました。のぞいて見ると、中はからっぽ。でもそのからっぽのかばんの中から、のりのきいたまっ白のエプロンが、歯ブラシや石けんが、ヘアピンの束や香水ビンが、折りたたみのひじかけいすが、さらには寝まきが十一枚、編みあげ靴一足、そして最後に折りたたみ式のキャンプ用ベッドまでが出てきたのです。まるでドラえもんの四次元ポケットみたい。

■赤ちゃんはバブバブなんていってない

バンクス家にはジェインとマイケル（共に就学前の幼児、ジェインがお姉さん）の下にふたごの赤ちゃんジョンとバーバラがいます。このふたり、毎日おしゃべりしていました。たとえばこんなことを。

「けっきょく、おとなってものは、わけがわからないよ。みんな、ばかみたいなんだもん。ジェインやマイケルだって、ときどき、ばかみたいだよ。」

「そうね。」とバーバラも賛成しました。すっかり考えこんで、くつしたを、ぬいだり、はいたりしていました。

「たとえばさ」と、ジョンがつづけました。「ぼくらのいうことは、ひとこともわからないんだもの。それはまだいいとして、もっとひどいのは、ほかの物のいうことが、わからないんだよ。ほら、ついこないだの月曜に、ジェインが、風のいうことばがわかるといいなって、いってたじゃないか。」

「そうよ。」とバーバラがいいました。「おどろいたわ。そして、マイケルだって、いつもいっているじゃない――きいたことない？――ムクドリが、〈ピーチク〉いってるって。ムクドリは、そんなこと、ちっともいいはしないし、わたしたちとおんなじことばで話してるっていうのが、わからないらしいわね。（略）」

「まえには、わかったんですよ。」とメアリー・ポピンズが、ジェインのねまきをたたみながら、いいました。

「なんですって？」と、ジョンとバーバラが、口をそろえて、おどろきの声をあげました。

「ほんとう？　ふたりともわかってたっていうの？　ムクドリや、風や、それから――」

「木のいうことや、日の光のことばや、そして星や――もちろん、わかったんですよ！　まえにはね。」と、メアリー・ポピンズが、いいました。


しかし一歳をすぎる頃、そういうことばをだれしも忘れてしまうのです。それで鳥の声は〈ピーチク〉としか聞きとれず、赤ちゃんのおしゃべりやおどろきの叫びも、バブバブとかオギャーとしか聞こえなくなってしまうのです。メアリー・ポピンズは例外でした。彼女はジョンやバーバラとも、むろん風やムクドリとも話ができました。でもそれはどんなことばで？　本当に悲しいことですが、ぼくにもわかりません。わかっていた頃の記憶のひとかけらすらないのです。

■満月の夜の動物園で

メアリー・ポピンズは、ナースの仕事をこなすという点では完璧でした。しかし、幼い子どもたちへの対応は必ずしも親切なものではなく、子どものご機嫌をとるなんてことは決してありません。むしろ無愛想です。にもかかわらず、ジェインもマイケルも、そしておそらくふたごの赤ちゃんも、メアリーが大好きでした。

この本にはそれぞれ独立した十二編の不思議なお話が収められています。その中で最も奇妙なのは、メアリーの誕生日が満月の夜に重なったときにのみ催される動物園での大パーティーでしょう。動物たちはすべて檻から解放され、かわりに閉園のときに取り残された人間が檻に入れられ、動物から餌をもらうのです。あべこべの世界です。

メアリー・ポピンズはいとこのキング・コブラ（どうやらこのコブラが動物たちの王様のようなのです！）からぬけがらをプレゼントされます。そして広場では、メアリーをまん中にして動物たちが手をつなぎ輪になって踊りはじめます。

マイケルはライオンが小さい動物を襲わないのが不思議でたまりません。それでキング・コブラにきいてみるのですが、それに答えたキング・コブラの教えだけは、紙幅が尽きそうなのを百も承知で、やはり引用しないわけにはいきません。

「たべることも、たべられることも、しょせん、おなじことであるかもしれない。わたくしの分別では、そのように思われるのです。わたくしどもは、すべて、おなじものでつくられているのです。（略）おなじ物質が、わたくしどもをつくりあげているのです――頭のうえの木も、足のしたの石も、鳥も、けものも、星も、わたくしたちはみんな、かわりはないのです。すべて、おなじところにむかって、動いているのです。お子さんよ、わたくしのことを忘れてしまうことがあっても、このことだけはおぼえておかれるがよい。」

動物園のキング・コブラといとこ同士というのには驚かされますが、この本の中にはメアリー・ポピンズを深く愛し、丁重に扱う人物が何人も登場します。彼女はこちらではただのナースですが、むこうの世界では有名人であるに違いないのです。むこうの世界とは神話的な魔法が横溢するファンタジーの世界です。そこから風にのってやってきたのがメアリー・ポピンズでした。そして春になって西風に変わると彼女はその風にのって帰っていきます。

マイケルもジェインも、両親はじめだれにもメアリーの秘密を話しませんでした。話したってだれひとり信じてくれないのがわかっていたからです。子どものほうがよくわかっていることは、魔法に限らずいっぱいあるのではないでしょうか。

■トラヴァースのこと、ケルトのこと

メアリー・ポピンズの作者、P・L・トラヴァース（一八九九〜一九九六年）は一九六七年にアメリカの議会図書館で「オンリー・コネクト」と題するとても興味深い内容の講演をしています。それによれば、彼女は「アイルランド人の父親とスコットランドとアイルランドの血の流れている母親」の間に、「オーストラリアの亜熱帯地域で生まれ」、少女時代を過ごしました。その少女時代は（大げさにいえば）「持ち物はほとんどなく、だれも質問に答えてくれず、（略）子どもたちは自分自身で人生を築かなくてはならない」のでした。そしてトラヴァースは「想像力と詩の道」を進むことで彼女の人生を築くべく決意します。

望郷の念絶ちがたい両親は、誇り高いアイルランドの血のせいか、アイルランドの詩や警句を好んで口にしたようです。全部が全部そうだったとはいえませんが、その多くは吟遊詩人たちの口碑によって伝え残されたケルトの神話にもとづくものであったでしょう。トラヴァースが志した「想像力と詩の道」とは、深く自覚していたのではないにしても、ケルトへの道だったのです。

二〇代になってイギリスにわたったトラヴァースは『アイリッシュ・ステイツマン』という雑誌に投稿する

ようになります。そして同誌の編集長ジョージ・ラッセルや詩人のW・B・イェイツなどアイルランド・ルネッサンスの中心人物と知り合うことができました。彼らはトラヴァースを庇護し、深い影響を惜しみなく与えたようです。彼らは「貴族的精神の持ち主で」「天地の間には哲学が思いつく以上のものが存在することを常に進んで認めていました。未知のものの存在を許したのです」とトラヴァースは語っています。

これは、神々と人間と妖精とが自在に交渉し、他の動植物に転身する流動的なケルト神話世界への傾倒と信頼を意味していました。

トラヴァースの内部で少女時代からつちかわれてきたケルト神話への憧れが、貴族的精神にあと押しされて確信に変わったとき、メアリー・ポピンズは風にのってやってきたのでした。

『妖精王の月』

■ケルト神話の痕跡の探索

『妖精王の月』は、メアリー・ポピンズシリーズよりずっと新しく一九八九年に出版されました。作者O・R・メリング（一九五二年〜）は、訳者の井辻朱美によればアイルランドの妖精たちを現代によみがえらせつづける女流作家。この

『妖精王の月』
O.R. メリング／作
井辻 朱美／訳
講談社　1995 年
（原書初版 1989 年）

作品は、現代アイルランドにケルト神話は生きているとの確信にもとづいているように思えます。エピグラフにW・B・イェイツのこんな詩の一節が引用されています。

人の子どもよ、行け
水辺へ、また荒れ野へ
妖精と手に手を取って
この世にはおまえに理解できぬほどの
嘆きが満ちているのだから

物語はいとこ同士の十六歳の少女フィンダファーとグウェンが、ケルト神話や伝説の痕跡を探索すべく旅立つところからはじまります。まずふたりはダブリンの北方タラに向かいます。実は旅の起点をこの地に決めたことにも妖精の力が働いていたのですが、まだそのことはふたりにはわかっていません。

その夜、石積みの遺跡〈人質の墳墓〉の南京錠をこじあけ、その中で寝袋をひろげ眠りにつきます。そしてふたりはそれぞれに奇妙な〈夢〉を見るのですが、それがただの夢でなかったことは、早朝目覚めるとすぐわかりました。わかったのはグウェンだけですけれども。フィンダファーと彼女の荷物はあとかたもなく消えていたのです。

■妖精にさらわれた花嫁

フィンダファーは妖精王フィンヴァラに妃としてさらわれたのでした。グウェンは妖精の魔手からいとこを救い出さなくてはと考えをめぐらせますが、気がついてみると妖精をめぐる諸説の知識はいくらかあっても、本当のところは何もわかっていないのです。しかし、警察に届けたところでだれにも信じてもらえないでしょう。フィンダファーの両親に電話したとしても同じことです。なんとしても自力で探さなければなりません。

幸いなことに妖精の王はグウェンを敵視しているわけではありませんでした。むしろいたずらっぽく試練の罠をしかけつつ見守っていたような印象を受けます。〈靴直しの妖精〉レプラコーンをはじめ、グウェンの行くところ必ず赤毛の変人（妖精と交渉経験のある人たち）があらわれ、次にどこに向かうべきかをグウェンに暗示してくれます。

妖精の王は、その季節にはアイルランド各地を〈巡行〉していたのでした。妖精たちは人間たちに見捨てられた廃墟、道一本ない荒野、森の奥などで夜ごと宴会を開いていました。妖精が到着すると廃墟は美しい館に変貌し、光や風のようにしか見えなかった妖精たちも人間と同じ姿形を目を奪うようなコスチュームと宝石で飾りたてているのでした。

〈巡行〉の追跡をつづけるうち、ついにグウェンはフィンダファーに再会します。

フィンダファーのようすをひと目見れば、彼女が捕虜として苦労していたのではないことは、すぐにわかった。（略）目は笑いをふくんでかがやき、頬はふたつのバラのように明るく、まさに人生の盛りのときを過ごしている顔だった。
だが、グウェンのひややかな対応を見て、フィンダファーはたちまちしおれ、心配そうに言った。

「あんた、たいへんだったのね。ああ、グウェン、ごめんなさい。あたしはよく考えもせず、行くことに決めてしまったの。あんたがいっしょに来ないなんて、ゆめにも思わなくて」

いとこの言葉にびっくりしたグウェンは、はやばやと、自分のそっけない態度を後悔した。たしかにフィンダファーの身の上は心配だったが、グウェン自身もそれほど苦労したわけではない。アイルランド周遊の冒険と、道中で知り合えた人々のことを思えば、おつりがくるといってもいい。では、この怒りはなんだろう。

グウェンの怒りとは、正確には深い心の痛みともいうべきもので、それはあのタラの墳墓で置き去りにされたのではないか、いとこを選んだ妖精たちに自分は嫌われていたのではないかという猜疑に根ざすものでした。これはただ少女の感傷と見過ごしていいことではありません。妖精を相手にするときは、妖精という存在と自分との関係をどのように考えているか、その究極のところがつねに問われるのです。問うのは自分の中の妖精です。

グウェンがさらわれなかったのは、グウェンの心の奥に妖精を拒否する部分があったからでした。そのことに気がついたとき、すべては自分の問題だったと彼女は悟ったのです。

妖精物語は、他愛ない夢物語ではありません。そういうふりをして、読者に自分の心の奥深くをしっかりのぞくように促しているように思います。もちろんぼくは妖精の存在と彼らによる奇跡を信じていますけれど。

「ライオンと魔女─ナルニア国ものがたり1』

■もうひとつの世界へ

『ライオンと魔女』は、全七冊におよぶ「ナルニア国ものがたり」という長編ファンタジーの一冊目として一九五〇年に出版されました。以後年一冊ずつ書きつがれ、一九五六年の『さいごの戦い』をもって完結します。作者はC・S・ルイス(一八九八~一九六三年)。『指輪物語』の作者J・R・R・トールキンと並びイギリスを代表するファンタジー作家です。敬虔なキリスト者でした。

まえに紹介した『風にのってきたメアリー・ポピンズ』や『妖精王の月』では、ロンドンやアイルランドの地方の町が、妖精の魔法がはたらく不思議な世界と地つづきでした。ポピンズは妖精なのに、短い間とはいえロンドンで暮らしてさえいました。けれど、この〈ナルニア国ものがたり〉の舞台は、ぼくたちの日常とは次元を異にするもうひとつの世界なのです。そして、ロンドン郊外からこの国へ子どもたちが旅立つところから物語ははじまります。

時は一九四〇年頃、第二次世界大戦がはじまり、ヨーロッパの緊張は高まっていました。それでペベンシー家の四人のきょうだい、ピーター(十三歳)、スーザン(十二歳)、エドマンド(十歳)、ルーシィ(八歳)は戦火を避けて「田舎に住むある年よりの学者先生のおやしき」に疎開したのでしたが、

『ライオンと魔女
─ナルニア国ものがたり1』
C.S. ルイス/作
瀬田 貞二/訳
岩波少年文庫　1985 年
(初版 1966 年、原書初版 1950 年)

その「おやしき」の衣装だんすが魔法の国への通路だったのです。

■魔法の通路は衣装だんす

大きなやしきの中を探検していたときのこと。衣装だんすがただひとつだけ置いてあるがらんとした部屋を通り抜けました。兄や姉は先を急いでいたのですが、末っ子のルーシィはふと心惹かれて、たんすのドアをあけました。毛皮の外套がいくつもつるされています。

——ルーシィは、すぐさま衣装だんすのなかにはいって、外套のあいだにわりこむと、毛皮に顔をすりつけました。（略）ルーシィはすぐに、もうすこしなかにふみこみました。すると、はじめの一列のうしろに、二列めの外套がぶらさがっているのがわかりました。二列めは、もうまっくらなものですから、ルーシィはそのさきのたんすのうしろがわに、おでこをぶつけないように、手をのばしておきました。そして、もうひと足ふみこみ、——さらに二足三足、なかへはいりました。きっと指さきが、うしろの板じきりにさわる、と思ったのですが……さわりませんでした。（略）

「あら、おかしいわね。」とひとりごとをいって、また一、二歩さきに進みました。

そのとたんに、顔と手にさわったものは、もうやわらかい毛皮ではなくて、ごつごつして、ちくちくさすことに気がつきました。「おや、木の枝のさきみたいだわ！」ルーシィは声をあげていいました。そしてその時、前方にあかりを一つ見たのです。そのあかりは、衣装だんすのうしろがあるはずの、ほんの十センチか十五センチしかはなれたところにではなく、ずっと遠くのほうにありました。つめたい、ふわふわしたものが、おちてきました。気がつくと、なんと、真夜中の森の中につっ立っていて、足もとには雪がつもり、空から雪がふっていたのです。

この雪降る森に踏みこんだことが人間の子どものナルニア初体験だったのでした（本当はちょっとちがうのだけどね）。

■もし、ぼくがルーシィだったら……

どう考えても引用が長すぎたといま反省しています。引用をまじえて紹介したい冒険や魔法はこの先山ほどあるのに、こんな引用に紙幅をついやすなんて。「ルーシィが衣装だんすの奥まで進むと、うしろの板じきりは消えてなくなり、雪降る森に出てしまいました」と書けばすむことなのかもしれません。

でも、ぼくはこの本を開くたび、この最初の衣装だんす体験のところで、大げさではなく胸がときめくのです。日常生活をさしつらぬくろくでもない合理性にすっかりからめとられている人間が、それを超えた魔法の力に接したときの（そして、それが魔法とも気づかぬままにです）驚きと不安はどれほどのものでしょうか。八歳のルーシィは驚きつつも本能的にその魔法を受け入れてしまいます。この子どものしなやかさに、ぼくは胸打たれるのです。ルーシィは、「心がわくわくして」雪の森を歩み出します。

もしぼくがルーシィだったら、さっさと衣装だんすに戻り、なにも見なかった、あれは夢だったんだと、合理性の安楽の側に寝返ってしまったのではないか、と思ったりもします。さびしいことです。

■魔女はおそろしい侵略者

ルーシィは、森のはずれに立っていた街灯のところで、フォーンのタムナスさんに会い、彼の家でお茶のもてなしを受けます。フォーンというのは人間と山羊がいりまじった野山の小さな神なのだそうです。彼は小さい横笛を吹いてくれます。ルーシィは眠たくなりました。

実はこれはタムナスの計略で、ルーシィが眠っている間に「白い魔女」に通報し、ルーシィを引きわたすつもりだったのです。しかし、根がとびきり善人のフォーンはそのことを涙ながらにルーシィに告白し、衣装だんすへの帰り道を教えてくれます。

「白い魔女」とは、この国をつくり、守ってきた真のナルニア王、ライオンのアスランの留守をいいことに、この国をのっとろうとしてやってきた侵略者です。強い魔法の力を持ち、国全体を文字どおり冬の時代にしてしまったのです。さからうものはその冷たい息で石像にかえてしまうので、タムナスさんもやむを得ずいうことを聞かないわけにはいかなかったのでした。

二度目に衣装だんすをとおってナルニア国にやってきたのは、ルーシィとエドマンドでした。ルーシィは再びタムナスさんとたのしいひとときを過ごすのですが、エドマンドはなんと「白い魔女」その人に出会ってしまいました。魔女はお菓子（瀬田訳ではプリンになっていますが、原文ではターキッシュ・デライトというトルコのお菓子。ゆべしをもうちょっと固くしたような食感でやたら甘い）で手なずけ、今度はきょうだい四人そろって来るように命じます。そうすればエドマンドを王子にしてやるというのです。

魔女は、なんとしてもこのきょうだいを捕まえたかったのです。それで四方におふれを出して、見かけたらすぐ連絡するよう下知していたのでした。それというのもこの国には、海辺に建つケア・パラベル城の四つの王座にふたりのアダムのむすことふたりのイヴのむすめがついたとき、魔女の支配は終わるという預言があったからです。アダムのむすことは人間の男の子、イヴのむすめは女の子のことです。

■アスラン軍と魔女軍のたたかい

そして、ついに三度目にしてペベンシー家の四人きょうだいはそろってナルニア国へ足を踏み入れました。折しも、魔女をおそれて息をひそめていた善良なナルニアの生き物たちが待ちのぞんでいたアスランがやってくるという噂がひろまっていきます。

こうしてアスラン対魔女のはげしいたたかいがはじまります。エドマンドは裏切り者として魔女から見放され、処刑されそうになりますが、それを救ったのもアスランでした。アスランはエドマンドの身がわりとして縄目の恥辱に耐え、魔女の剣で刺し殺されました。

それでおしまい？　そんなわけないじゃないですか。翌朝、アスランはよみがえります。そしてみなぎる力をナルニアの動物たちに分け与えて、魔女軍を攻撃、粉砕しました。

この処刑と復活という展開、なにか思いおこしませんか。そうです。アスランとはナルニアというファンタジー空間で受肉したもうひとりのキリストというふうにも読めます。全七冊の物語の細部に聖書との符合がいくつもかくされていますよ。

絵本より

コールデコット賞受賞作を中心に

アメリカで毎年選ばれる絵本賞コールデコット賞の受賞作を中心に、いわゆる名作絵本を紹介します。

これらの絵本をくり返し開いてみることで、ぼくは絵本の文法と表現法を勉強したのでした。絵本というものは、一回だけ読んで「わかる」ものではないというのが最初の発見でした。何回見てもそのたびに新しい発見があります。そういう細部に心をとめて絵本をたのしんでいる幼い子たちへの尊敬の気持ちをいだきはじめると、ほぼ絵本に熱中状態になります。

気にいった作家のものを次々見て比較する

『ジョン・ギルピンのこっけいな出来事』1878年発表
　　ランドルフ・コールデコット／作

『サリーのこけももつみ』1949年受賞
　　ロバート・マックロスキー／文・絵

『ちいさいおうち』1943年受賞
　　バージニア・リー・バートン／文・絵

『はなをくんくん』1950年受賞
　　ルース・クラウス／ぶん
　　マーク・シーモント／え

『げんきなマドレーヌ』1940年受賞
『マドレーヌといぬ』1954年受賞
　　共に、ルドウィッヒ・ベーメルマンス／作・画

『あまがさ』1959年受賞
　　やしま たろう／作

のもたのしみになりました。そして作家たちの幼い子への圧倒的な肯定感と共感にも心奪われました。ぼくは子どものことをわかったふりをしていただけではないのかという反省も生まれました。絵本を読めば読むほど子どもに対して謙虚になれるのです。

そういう意味で、ここにとりあげた絵本はぼくの子ども論の教科書だったといっても過言ではありません。あえて書き加えますが、恩義ある教科書はこれに限るものではありません。夜眠る前に指を折って数えてみるのですが、百冊に至るまえに眠ってしまいます。いつか数えつくしてみたいと思っています。

『もりのなか』1945年受賞
『またもりへ』1953年発表
共に、マリー・ホール・エッツ／ぶん・え

『チャンティクリアときつね』1959年受賞
バーバラ・クーニー／さく

『にぐるまひいて』1980年受賞
ドナルド・ホール／ぶん
バーバラ・クーニー／え

『ゆきのひ』1963年受賞
『ピーターのいす』1967年発表
共に、エズラ＝ジャック＝キーツ／さく

『かいじゅうたちのいるところ』1964年受賞
モーリス・センダック／さく

『ジョン・ギルピンのこっけいな出来事』

■現代絵本の父

受賞作の紹介に先立って、アメリカの絵本賞にその名を残すことになったランドルフ・コールデコット（一八四六〜一八八六年　イギリス）の人と作品についてかんたんにふれておきましょう。

コールデコットが活躍したのは、トイ・ブックスという廉価版の絵本がもてはやされた時代です。これは表紙込みで三二ページ（うちカラーは八ページ）のうすっぺらいもので一冊一シリングでした。コールデコットは一八七八年から八五年までの八年の間、年二冊ずつトイ・ブックスを描き、出版しつづけましたが、翌八六年、旅行中のアメリカで体調が急変。静養する予定だったフロリダで四〇歳の誕生日を目前にして亡くなりました。小さいときにリウマチ熱にかかり、それが癒えてからもずっと心臓に不安をかかえる体質だったのです。

十五歳でアートスクールを退学、父の命令で地方銀行に就職しますが、保険契約を取る仕事はうまくいかず、ひたすら町や田舎の風景を写生しまくっていたそうです。健康には自信がもてなかったのですが、なかなかの美男子、明るく機智に富む性格で友人も多く、女性にもてたと、伝記作家ジョン・バンクストンは書いています。

■画家と彫版師の合作

コールデコットが絵本作家になるきっかけは、エドマンド・エバンズという彫版師との出会いでした。エバンズは、絵を印刷する際に用いる版木を彫る職人というだけでなく、すぐれた画家を見つけて出版企画を練り、出版社に売りこむ総合プロデューサーだったのです。ワシントン・アービングの随筆集に添えたコールデコットのみごとなイラストに目をつけたエバンズは、この画家こそ自分が求めていた才能だと思いました。

そして一八七八年のクリスマスまえに『ジョン・ギルピンのこっけいな出来事』と『ジャックがたてた家』の二冊が刊行されたのでした。この頃、印刷技術が飛躍的に向上し、見た目にも美しいカラー印刷が可能になりますが、しかしこれはすべて木口木版によるものです。木口木版とは、ツゲなどの木材を輪切りにしてその切断面（年輪面）に版を彫るものです。固いので非常に細い線が彫れるのだそうです。

その手順をかんたんに説明すると、まず画家が描いた線描を彫って基盤をつくります。その試し刷りがまた画家に戻され、画家はそれに彩色して彫版師に返します。彫版師はその本絵の色調から五、六色の色版の組み合わせを設計し、また彫りにかかるわけです。青と黄を重ねて刷れば緑になります。その濃淡はベタの部分とティントとよばれる細い平行線を彫り込む部分との組み合わせで表現します。こうしてリアルで陰影に富む立体的なカラー画面が実現します。エバンズはその技法とセンスに卓越していたと伝えられています。

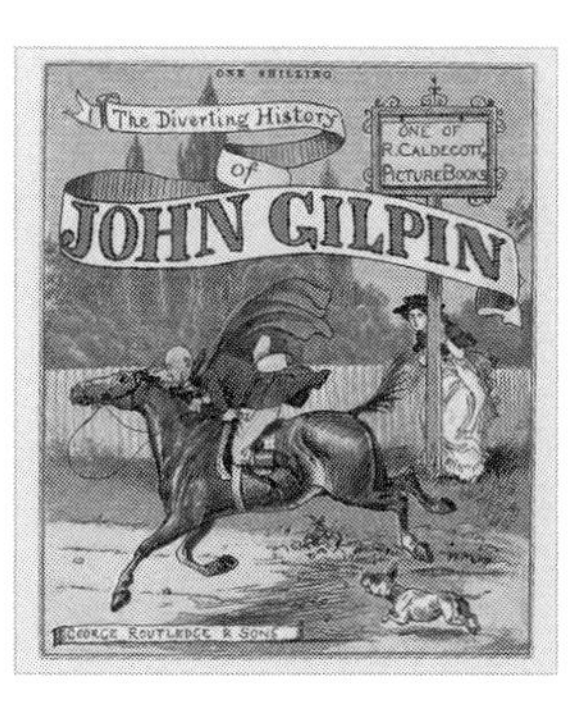

『ジョン・ギルピンのこっけいな出来事』
ランドルフ・コールデコット／作
吉田新一／監修・訳
復刻版『コールデコットの絵本－現代絵本の扉をひらく』所収
福音館書店　2001 年

■ポピュラーなこっけい譚（たん）を題材に

さあ、それで『ジョン・ギルピンのこっけいな出来事』ですが、ストーリーはいたって単純です。ロンドンの布地商ジョン・ギルピンが、結婚二〇周年を祝うべく、郊外の宿屋ベル亭で食事会をすることに。妻と子ども三人と妹とその子の六人が乗りこむと、もう馬車は満員です。やむなくジョンは友人のつや出し職人から借りた馬に乗って馬車を追うことになりました。腰にはワインのビンをベルトでとめ、赤いマントをはおり出発です。

はじめはゆっくり歩いていた馬は、道が平坦になるとだく足になり、すぐギャロップにうつり、ついには全力疾走！　ジョンはたてがみにしがみつきます。帽子とかつらが吹き飛び、はためきつづけたマントもひきはがされ、腰で踊っていた秘蔵のワインのビンもこっぱみじん。

道路沿いの家からは何ごとかと人々が顔を出し、ホースレースだと勘違いした人たちが応援しだします。犬がほえ、子どもが叫び、アヒルまで大騒ぎです。そして、あろうことか、馬は家族が首を長くして待つベル亭の前を走りぬけます。馬は、自分の主人のつや出し職人の家に到着してやっと止まりました。

友人からかつらと帽子を借りて、ジョンはベル亭までもどるはずでした。けれど近くのロバが大きくいないたのに驚いた馬はまたしても大暴走！　ベル亭から迎えにむかった馬車もふりきって走るジョンを、泥棒かおいはぎと勘違いした六人の紳士が愛馬にムチを入れて追いかけます。かくてまたもやベル亭の前を通りすぎた馬は、ジョンの家に帰りついてようやく止まりました。やれやれ！

■絵を読むたのしさ、見とれる美しさ

こんなのどこがおもしろいの？ といわれてしまいそうですね。このお話のもとになったのはウィリアム・クーパーという詩人が書いた滑稽ばなしですが、クーパーはゆううつ症で自殺未遂をくり返したりしていたので「ゆううつ症の詩人にはめずらしい滑稽な唄物語」と評判になり、イギリスではいまでもごくポピュラーなお話なのだそうです。

つまりだれでも知っているお話をたくみな絵と文章のつながりで表現したのが人気になったのでしょう。カラーページの絵は美しいばかりか、人々の表情もゆたかで、馬、犬、アヒルなどの動物たちの動きも的確にとらえられています。かつらがぬげてつるっぱげのジョンがたてがみにしがみついているその形相、馬の前後の七羽のアヒル、六匹の犬、あおりをくらって道ばたにつんのめっている幼子、見物衆のあきれ顔、じつにみごとというほかありません。

コールデコット以前のトイ・ブックスは印刷技術の制約から、カラーページの裏は白紙とするのがふつうでした。コールデコットは、カラーの裏面はもちろん、すべてのページに丁寧な線描をつらね、お話が伝えきれない部分を絵で語ります。当時のロンドン子の野次馬ぶりは、つい仲間入りしたいくらいです。馬車や馬のあとに犬と同じように子どもが手を振って走ってくるのも、ぼくは自分の少年時代を見る思いがしました。こういうのって、子どもは好きですよね。

さっきふれたアヒルや犬と共にジョンの馬が走る見開きのカラーは、ゴッホやゴーギャンにも称賛されたということです。実はこの絵が、六〇年後にアメリカでよみがえります。一九三八年よりアメリカの図書館協会児童部会は、前年一年間に出版されたもののうちでもっともすぐれたイラストレーターにコールデコッ

ト賞を授与することにしました。受賞者はメダルをもらえるのですが、その意匠がこの馬と犬とアヒルの絵なのです。

そういうわけで、ここからはコールデコット賞受賞作を中心に紹介していこうと思います。ロバート・マックロスキー『サリーのこけももつみ』からはじめましょうか。

『サリーのこけももつみ』

■副賞だってあなどれない

コールデコット賞は、毎回その前年に発表された絵本の中から最良の一冊に贈られるのですが、正賞一点のほかに最終選考に残った数点にオナー・ブックス（Honor Books）が与えられます。このオナー・ブックスにも正賞にひけをとらない名作が多くふくまれています。長く読みつがれる絵本の場合、評価が定まるのに一〇年も二〇年もかかります。コールデコット賞の受賞作がほとんど忘れ去られているのに、オナー・ブックスが五〇年以上読まれつづけているなんて例もめずらしくありません。

『サリーのこけももつみ』
ロバート・マックロスキー／文・絵
石井桃子／訳
岩波書店　1986年
（初版1976年、原書初版1948年）

■こけももやまにこけももつみに

マックロスキー（一九一四〜二〇〇三年）は、『かもさんおとおり』（一九四一年）でコールデコット賞受賞、その十六年後、『すばらしいとき』という絵本で、再び同賞を受賞しています。むろん、この本もみごとなのですが、今回はそれとは別の傑作を紹介します。一九四八年に発表した『サリーのこけももつみ』です。

こけももというのはブルーベリーのこと。この絵本が日本にはじめて紹介された一九七〇年代には、ブルーベリーはだれでもが知っているような果実ではなかったので、訳者の石井桃子さんがこの名をあてたのでした。こけももはクランベリーだという物知りもいますが、そんなことはどうでもいい。マックロスキーはBLUEBERRIESと書き、石井桃子さんはこけももと書いたのです。それだけのこと。

そんなことより、はやく絵本の世界に入らなくっちゃ！ 最初の見開きに添えられたキャプションは、こうです。

あるひ、サリーはおかあさんとこけももやまへ、こけももをつみにいきました。
サリーは、ちいさなぶりきのばけつをもち、おかあさんは、おおきなばけつをもっていきました。
「こけももをつんだら、うちにもってかえって、ジャムをつくりましょう。そうすれば、ふゆになって、たくさんジャムがたべられるからね。」と、おかあさんはいいました。

画面の右半分に手をつないだサリーとおかあさんが描かれています。サリーは今ふうのカワイイ女の子ではありません。男の子みたいないたずらっ子って感じで、おかあさんは腰骨のはった頼りがいのありそうな女性です。左側には、ふたりが乗ってきた自動車がとまっていて、そこからは丘のふもとの村が見おろせます。

■くまの親子もこけももやまへ

サリーはいつまでもおかあさんと手をつないではいませんでした。おかあさんはこけももをつみながら、ズンズン丘をのぼっていきます。サリーはおかあさんを追いかけながらもあたりのこけももをつまみ食いするのに忙しく、そのうちくたびれたので、こけももの茂みに座り込んで、まわりの実を食べることにしました。

ちょうどその頃こけももやまの反対側から、くまの親子がこけももを食べにやってきていました。「ぼうや」とおかあさんぐまはいいました。「ふとっておおきくなるように、たくさんたべておおき。さむいながいふゆがくるから、おなかにいっぱいたべものをためておかなくてはいけないのだよ。」

くまはジャムは作らないけれど、冬にそなえなくてはならないのは人間以上です。この二組の親子が、こけももやまのてっぺん近くでニアミスをおこします。このニアミスのてんまつが、マックロスキーの絵本ならではの滋味豊かなユーモアにあふれていて、ぼくは大好きです。

サリーは、こけももをつまんでは食べているうちに、おかあさんからだいぶ遅れてしまったので、おかあさんを探しに行きました。何か音がするのでそっちの方へまっすぐ歩いて行ったのですが、その音はおかあさんぐまがパタンパタン歩きまわって、こけももを食べている音だったのです。おかあさんぐまはうしろをついてくるサリーの足音を、こぐまだと思っていました。

一方、おかあさんぐまにはぐれたこぐまもおかあさんを探して歩きまわっていました。そして切り株のむこうで何か音がしたのでおかあさんだと思いました。しかし、それはサリーのおかあさんが茂みをかきわけて、ジャム用のこけももをつみながら歩いている音でした。おかあさんもあとをついてくるのはサリーだとばかり思っていました。

三八～三九ページの見開きは、こけももやまの全景を俯瞰ぎみにとらえたみごとな構図ですが、左ページのはしっこに、腰をかがめてこけももをつむサリーのおかあさんとそのうしろをとことこついていくこぐま、右ページの下にはどっしり歩いているおかあさんぐまとそのうしろをバケツ片手にのんびりついていくサリーが描かれます。

キャプションはごく平静に、簡潔にこう述べています。

こぐまとサリーのおかあさん、サリーとおかあさんぐまは、こけももやまのこけもものしげみのあいだで、すっかりあいてをとりちがえてしまいました。

■人間とくまの対称性

さあ、どうなるでしょうか。少ししてふたりのおかあさんは、ついてきていたのが自分の子どもでないのを知ってびっくりぎょうてん！　そのときのふたりのおかあさんの表情は、実にみものというほかありません。ぜひここだけでも絵本売り場で立ち読みしてほしいものです。四三ページと四九ページです。特におかあさんぐまのもの問いたげな顔がいいです。猛獣の顔ではなく「うちの坊や知らない？」とサリーにきいているみたい。

この絵本は、構図的にもキャプションの工夫でも、人間とくまを徹頭徹尾対称的にとらえています。キャプションをくらべてみます。まず、おかあさんぐまの場合。

おかあさんぐまはびっくりして、ほおばっていたこけももをのどにつまらせて、うなりました。「これはわたしの子どもじゃない！　ぼうやはどこへいった？」

そして、サリーをじっとみてから、あとずさりしはじめました。（このくまは、おとなでしたから、たとえ、サリーのようなちいさな子どもでも、にんげんには手だしをしないほうがいいということをしっていました。）そこで、くるっとむこうをむくと、おおいそぎでこぐまをさがしにいってしまいました。

次はサリーのおかあさんの場合。

おかあさんはふりむいて、あっとおどろきました。

「まあ、おまえはサリーじゃないわ。ああ、サリーは……うちのサリーはどこ？」

こぐまはなんにもいわずにすわりこんで、くちをもぐもぐやると、ごっくりのみこんで、くちびるをなめました。

サリーのおかあさんは、ゆっくりあとずさりしはじめました。（おかあさんは、おとなでしたから、たとえちいさなくまでも、くまには手だしをしないほうがいいということをしっていました。）そして、いそいでサリーをさがしにあるきだしました。

■見返しもお見落としなきよう

ほどなく人間もくまも親子の再会をはたし、それぞれ家路をたどります。この本も『かもさんおとおり』同様モノクロームで、こけもも色一色で全ページの絵が刷られています（キャプションはうす茶色）。でも、ちっともものの足りないなんて感じません。単色でも美しいものは美しいのです。

作家の江國香織さんは『絵本を抱えて部屋のすみへ』（一九九七年　白泉社）の中で、いちばん好きな絵本は何ですかときかれたら『サリーのこけももつみ』と答えることにしている、と書いています。その彼女が中でもいちばん好きというのが見返しです。

広い台所でサリーのおかあさんが、いま作りたてのジャムを広口のビンにつめているところです。サリーは、ビンのふたのパッキングに使うゴムの輪っかで遊んでいます。ブルーベリージャムの匂いがあたりをみたしていることでしょう。

ところで、このふたり、こけももやまでのそれぞれの「未知との遭遇」をどのようにお話ししたのでしょうか。

『ちいさいおうち』

■「おうち」が主人公、「時間」が主題

マックロスキーが『かもさんおとおり』で受賞したコールデコット賞の金賞は、その翌一九四三年、バー

ジニア・リー・バートン（一九〇九〜一九六八年）の手にもたらされました。受賞作は一軒の平凡な家を主人公にした『ちいさいおうち』です。

一ページ目のキャプションを紹介します。

むかしむかし、ずっといなかのしずかなところにちいさいおうちがありました。それは、ちいさいかわいいうちでした。しっかりじょうぶにたてられていました。このじょうぶないえをたてたひとはいいました。「どんなにたくさんおかねをくれるといわれても、このいえをうることはできないぞ。わたしたちのまごのまごのそのまたまごのときまで、このいえは、きっとりっぱにたっているだろう。」

『ちいさいおうち』
バージニア・リー・バートン／文・絵
石井 桃子／訳
岩波書店　1954 年
（原書初版 1942 年）

右ページのまん中の丘の上にその「ちいさいおうち」は描かれています。正面中央に玄関があり、よろい戸つきの大きな窓が玄関をはさんで左右対称に開いています。グレーの屋根の上には赤い煙突。けむりを出しています。前庭にはりんごの木が四本あり、子どもが遊んでいます。犬と猫が追いかけっこをしていて、いちばん手前の木にはリスもいます。ひなぎくが咲いています。

これは主人公としての「おうち」の紹介ページで、次のページでこの絵本の主題が示されます。右側には「おうち」が少し小さめに描かれ、位置も下三分の一あたりに下げられて、読者の視野が広がります。「おうち」

の丘の左下に池があり、そこから小川が流れ出ているのや、丘の右奥に小さな牧場があるのもわかります。そして何より注目すべきは、二ページをまたいで十三個のそれぞれ表情の違う「お日さま」が大きな弧を描いていることです。このページのキャプションはこうです。

それからながいあいだちいさいおうちは、おかのうえからまわりのけしきをながめて、しあわせにくらしてきました。あさになると、お日さまがのぼります。ゆうがたには、お日さまがしずみます。きょうがすぎると、またつぎの日がきました。けれど、きのうときょうとは、いつでもすこしずつちがいました……ただちいさいおうちだけはいつもおなじでした。

つまり、この絵本の主題は時間なのです。一日のくり返しと同じように一年もくり返されます。六ページ目から四見開きで、めぐる季節が、「おうち」の背景をなす田園風景の変化として美しく描かれます。りんごの花さく春、見わたす限り緑一色の夏、畑のとり入れもすんだ紅葉の秋、そして降りつもる雪の上で子どもたちがスキーやソリで遊ぶ冬……。本当にため息が出るほど見事な描写です。細部に目をこらせば、見るたび発見があるでしょう。

■やがて道路工事が始まって……

しかし、牧歌的な幸福感に酔いしれるのもここまでです。十四ページ（全体の三分の一程度のところ）から、「おうち」のまわりの風景が少しずつ変わってきます。

田園をきりさくように町に通ずる道路をつくる工事が始まります。馬車から自動車へ時代は動いていきました。やがて農場は宅地にかわり、かろうじて牧場は残っていますが、すでに馬も牛も姿がありません（Ｐ17）。その宅地も買収され、アパートやビルが建てられます。「おうち」は一軒だけぽつんと残っていますが、煙突からけむりは出ていません（Ｐ19）。もうだれも住んでいないのでしょうか。

そのうち、「ちいさいおうち」の前を電車が通りはじめ（Ｐ23）、さらに高架線ができて、ひっきりなしに電車が走るようになります。町行く人々はみんな前かがみになって大急ぎでかけまわるようになりました（Ｐ25）。

月日はさらにすぎて、アパートや初期のビルはとりこわされ、二五階と三五階のビルが「おうち」をはさんで左右に建設されます。

ちいさいおうちは、すっかりしょんぼりしてしまいました。ぺんきははげ、まどはこわれ、よろいどははずれて、ななめにさがっていました。ちいさいおうちは、みすぼらしくなってしまったのです……かべややねはむかしとおなじようにちゃんとしているのに。

「おうち」に感情移入して読んできた読者は、子どもでもおとなでも胸が痛くなります。人がしあわせに生きるのに、「村」ではダメなのでしょうか。どうしても町になり都会にならなければいけないのでしょうか。

■奇跡的な救いの手が！

ありがたいことに、もう少しでこの絵本もおしまいというところで、「おうち」に奇跡的な救いの手がさしのべられます。丘の上に「ちいさいおうち」を建てた人の孫の孫のそのまた孫にあたる女の人が、「おうち」の前を通りかかったのです。「あのいえは、わたしのおばあさんがちいさいときすんでいたいえにそっくりです」とその女性はおつれあいにいいました。きっと古い写真かなにかで見おぼえがあったのでしょう。調べてみると、確かにそのとおりでした。そこでその女の人は建築屋さんに「おうち」の引っ越しを頼みました。そのときの建築屋さんのことばがいいのです。「これはしっかりしたいえだ。これなら、どこへでももっていけます。」一ページ目の予言は当たっていました。

大きな台車に乗った「おうち」は牽引車に引っぱってもらって、田舎まで旅しました。そして、かつて建てられた場所と同じような丘が見つかりました。建築屋さんは、その丘に地下室を掘り、地下室の上に「おうち」をおさめました。すべて、もとにもどったのです！

■いのちにとって何がいちばん大事か

この絵本の主題は時間だ、とはじめの方で書きました。でも、それは単なる物理的な時間のことではありません。人々のくらしにかかわる歴史といい直すべきでしょう。一五〇年程の間に、田園は都市に開発されました。交通手段も、住宅に求められるニーズも変わりました。世の中はきっと便利に合理的になったのです。けれど、この絵本のかたくなに（といってもほかに方法はないのですが）同じ場所に立ちつづける「おうち」の立場から見ると、やはり何かヘンですよね。

左右の窓が目で玄関が鼻、そしてポーチが口のようにも見える「ちいさいおうち」の顔が笑っているときは、

「おうち」のみならずあたり一面にしあわせがみちているように思えます。うす汚れて騒々しい都会の中では、「おうち」は泣いているように見えました。この絵本は「おうち」を主人公にしながら、人間にとって、いのちにとって何がいちばん大事なのかを根源的に問いかけているように、ぼくには思えます。

少しつけ足します。バージニア・リー・バートンはコールデコット賞を受賞した際のあいさつで「私の本は、私と私の子どもたちと、その友だちとの合作なのです。私は彼らに、描いた絵を見せて、その物語をきかせます。そして、彼らの興味の動きを見守り、それを指針にするのです」と語っています。

これは「子どもにおもねる」ということとは違います。むしろ反対に子どもに学ぶという姿勢でしょう。そういえばバートンの処女作『いたずらきかんしゃちゅうちゅう』（一九三七年）は汽車好きの長男のために描いた作品でした。『いたずらきかんしゃちゅうちゅう』のことも紹介したかったのですが、例によって要領が悪くて……。ついでにいえばこの作者の最高傑作は八年がかりの大作『せいめいのれきし』（一九六二年）です。ああ、絵本って才能と努力次第で何でも描けるんだと改めて思ってしまいます。

『はなをくんくん』

マーク・シーモント（一九一五～二〇一三年）の『はなをくんくん』。この本は一九五〇年にオナー・ブックスに選ばれていますが、その年正賞を獲得したレオ・ポリティの『ツバメの歌』よりずっとすぐれている、とぼくは思います。『ツバメの歌』は〝岩波の子どもの本〟の一冊として翻訳版が出ていますので、図書館などで探して『はなをくんくん』と見くらべてみてください。

■冬眠からさめる動物たち

それはともかくさっそく『はなをくんくん』を読んでみましょう。まずレモンイエローの表紙がすばらしい！

上の方に大きな文字で黒々とタイトルが書かれ、下の方に作者名などが（こっちはほどよい大きさの文字で）書かれています。その間が、まあるいような四角いような不思議なかたちに白く抜かれています。そして、そこに大きなクマが座っていて、クマのまえでネズミとリスとヤマネズミがたのしそうに踊っています。よくみるとカタツムリもいます。クマの表情は、小さい動物たちを見守るようにおだやかです。

この表紙を見ただけで、小さい子は早く中を見たくなります。クマさんやリスやネズミさんが出てくるたのしいお話に違いないと確信するからです。「早く読んで！」という子どもたちを無視して、「あれ、はなをくんくんだって！　くんくんって何だろうなあ」とぼくはちょっとじらしてやります。「ジロちゃん、匂いをかぐの。こうやって、くんくん」とだれかが待ちきれなくなって、鼻をつき出して匂いをかぐまねをします。居合わせたチビたちもいっせいにくんくん！　そこでページをめくります。

ところが最初の見開きは、深く雪が降り積もった野原。雪がとけかかっているところもあって石の間でネ

『はなをくんくん』
ルース・クラウス／ぶん
マーク・シーモント／え
きじま はじめ／やく
福音館書店　1967 年
（原書初版 1949 年）

ズミが眠っているのが見えます。キャプションはこうです。「ゆきがふってるよ。のねずみがねむってるよ」なにかシーンと静まりかえっている感じ。子どもたちも口を閉じ絵に見入ります。次のページは「くまがねむってるよ」です。ひとつ穴に二、三びきずつ、クマがまるくなって眠っています。その次は森の木のうろにびっしりついたカタツムリが「からのなかでねむってるよ」です。

雪降る野山を丹念に描いていくシーモントの絵はため息が出るほど美しい。小さな動物をひとつひとつていねいに描いているので、小さい子もあきずに見てくれます。ずーっと眠ったままのはずがないことに気づいているのかもしれません。眠っているリスが紹介され、ヤマネズミ（マーモットのことだと思います）が紹介されたあと、さらにページをめくると――「や、みんなめをさます。みんなはなをくんくん。のねずみがはなをくんくん」というキャプションつきで、めざめたネズミが穴の中から外をのぞき、雪の中にとび出していく姿が描かれます。その数、実に二八匹！

むろん次はクマ、こちらはまだちょっと眠そうな目つき。でも鼻をつき出してくんくん。カタツムリもすっかりめざめて、つのを振り立てています。そして、リスとヤマネズミも巣穴から身をのりだして「はなをくんくん！」みんな、何かの匂いをかぎつけたようです。ここまで、みごとなくり返しで動物たちを順番に描きながら、作者はテンションを次第に高めていきます。

■そして、匂いの正体が……

そして突然、みんながいっせいに走り出します。まずノネズミとクマのページ、次にカタツムリとリス。その次はヤマネズミも加わって「みんなはなをくんくん。みんなかけてく。」まだ雪は降りつづいていて、遠くの動物の姿はかすんでいます。画面左から右へのこの全員全力疾走の絵がもう一枚つけ加わります。「序破急」のお手本のようなみごとな展開です。こうなると絵本の外の右側に何があるのか、子どもたちは気ではありません。「ジロちゃん、早くめくって！」と小さい子が叫びます。

子どもの期待に応えてめくると、次の見開きのキャプションはこうです。「みんなはなをくんくん。みんなかけてく。みんなぴたり。みんなとまった。みんなうっふっふっ、わらう、わらう。おどりだす。」動物たちはとまって、輪になっていますが、その輪のまん中に何があるのか、クマの大きな背中が邪魔になって、読者には見えません。そこでもう一度ページをめくると、「ゆきのなかにおはながひとつさいてるぞ！」。動物たちは黄色いかれんな花のまわりに座っていたのでした。そのしあわせそうな表情ったらありません。ずっとモノクロだった画面にこの花だけあざやかな黄色です。まだ雪は降っていますが、もうじき春です。

この絵本の原題は"The Happy Day"というのですが、訳者きじまはじめによる日本語のタイトルもすてきだとぼくは思います。表紙の黄色って、クライマックスを飾る最終ページの花の色だったのでした。

■大急ぎでもう一冊

この絵本を描いたマーク・シーモントは『木はいいなあ』（ジャニス・メイ・ユードリイ／作）で一九五七年にコールデコット賞を受賞しています。これは木が人間に（とりわけ子どもに）もたらしてくれる恩恵を、これ以上ないというくらいナイーヴにシンプルに示してくれる絵本です。物語らしいものもなく、主人公らしい登場人物もいないので地味な感じですが、何度も読み返すうち、じわーっと心にしみてくるものがある、そんな絵本でぼくは大好きです。

中ほどのモノクロの見開きには「木には、みきとえだがある。えだにのぼると、とおくのほうがみえるよ。えだにすわって、じっとかんがえることもできるし、かいぞくごっこもできる。」というキャプションがついていて、大きな木にのぼったりぶらさがったりして遊ぶ一〇人の子どもが描かれています。この絵をはさむ前後のカラーページは、まえが紅葉と落ち葉の森、後ろは子どもだけのりんごもぎの光景で、美しい色彩に読者までわくわくしてしまいます。カラーページとモノクロページがおりなすリズムもいい感じです。

そして何よりこの絵本の版型がユニークです。横約一七センチ、たて約二九センチと細長い変形版で、なるほど木は背が高いからなあと、ぼくは感心してしまいました。

このシーモントは修業時代、マックロスキーが『かもさんおとおり』を描くために、バスルームでかもを飼って観察した同じアパートに住んでいたのだそうです。マックロスキーは、シーモントのシャワーを借りていたかもしれませんね。

『はなをくんくん』も『木はいいなあ』も文章を書いたのは女性ですが、ルース・クラウスについてもユードリイについても詳しいことはわかりませんでした。でも、どうやらユードリイにとってこの『木はいいなあ』が最初の絵本だったようです。

『げんきなマドレーヌ』『マドレーヌといぬ』

■パリのつたのからまるおやしきで

マドレーヌといっても、もちろんお菓子のことではありません。パリのつたのからまるおやしきでくらす、とびきりチャーミングな女の子の絵本です。今回は『げんきなマドレーヌ』と『マドレーヌといぬ』の二冊を読んでみます。

マドレーヌ絵本の特徴のひとつは、キャプションが簡潔なことです。『げんきなマドレーヌ』の冒頭五ページのキャプションをつづけるとこうなります。

パリの、つたのからんだあるふるいやしきに、12にんのおんなのこが、くらしていました。2れつになって、パンをたべ、2れつになって、はをみがき、2れつになって、やすみました。

これにあとふたつ、マドレーヌは十二人の中で「いちばんおちびさん」だけれど、「ねずみなんかこわくない」し、「どうぶつえんのとらにもへいっちゃら。」だということ、それ

『マドレーヌといぬ』
ルドウィッヒ・ベーメルマンス／作・画
瀬田 貞二／訳
福音館書店　1973 年
（原書初版 1953 年）

『げんきなマドレーヌ』
ルドウィッヒ・ベーメルマンス／作・画
瀬田 貞二／訳
福音館書店　1972 年
（原書初版 1939 年）

に「せんせいのミス・クラベルは、なにごとにもおどろかないひと」だということをつけ加えれば、この絵本の基本設定を完全に紹介したことになります。

でも、ちょっと変だな、と最初にこの絵本に接したときぼくは思いました。このおやしきは何なのだろう？小規模ながら寄宿学校みたいなものなのだろうか。十二人の少女はみんな同じ年齢なのだろうか。ミス・クラベルは修道女のようなコスチュームですから、教会か修道院に所属する施設なのかもしれません。しかし、そういうことについては作者は何のヒントもくれません。

そんなことより、十二人がテーブルをはさんで二列になって食事をし、二列にならんだ十二のベッドで眠ることを読者に伝える方が大事だとルドウィッヒ・ベーメルマンス（一八九八〜一九六二年）は考えたのでしょう。

食事のときはもちろん、歯をみがいているときでさえ、十二人はご機嫌です。寝顔もとても安らか。両親の干渉をはなれてとても気分がよさそうなのです。施設の性格がどうのこうのなんて、おとなは気にするかもしれないけれどどうでもいいことなのです。

■マドレーヌが盲腸炎で入院！

ところがある晩、マドレーヌがワーワー泣きだしました。ミス・クラベルがかけつけ、校医のコーン先生もやってきました。盲腸炎でした。コーン先生に抱きかかえられ、救急車で病院へ。

この本のカラーページは全四六ページ中わずか八ページなのですが、二四、二五ページのカラーならではの対比は、みごとというほかありません。左の二四ページは闇に浮かぶエッフェル塔を背景に、救急車が出発するところ。窓にはびっしり友だちの顔がならんでいます。ところが右に目を移すと、赤いバラの鉢植えののったテーブルが、眩しい陽光の中に描かれています。コップとスプーンも。その下のキャプションはこうです。「マドレーヌが2じかんごにめがさめたところは、はなをかざったびょうしつでした。」

ああ、よかったと読者は胸をなでおろします。入院してから一〇日後、十一人の少女たちはミス・クラベルにつきそわれて、マドレーヌのお見舞いに行きます。おそるおそるぬき足さし足で廊下をぬけて病室に入ると、なんと「おもちゃにキャンデーににんぎょうのいえ」まで揃っているではありませんか。少女たちはにぎやかに楽しく遊びます。ミス・クラベルは壁ぎわで花束をかかえてニッコリ。でも秀逸なのは次のページ。「なかでも、みんながたまげたのは——マドレーヌのおなかの、しゅじゅつのきずでした。」

ベッドの上に立ったマドレーヌがパジャマをまくりあげています。その前につきぬ興味と感動のおもちの十一人、ひたすらマドレーヌのおなかを見つめています。

マドレーヌの入院中、お菓子やおもちゃを持ってお見舞いに来てくれたのはだれでしょう。お母さんでしょうか。しかし、そんなことだれも気にしません。この絵本、徹底して子どもサイドに立って情報を取捨選択しているのです。絵本は子どもたちのものだ、というのがベーメルマンスの信念なのでしょう。

その夜、眠りについたはずの子どもたちの様子がへんです。ミス・クラベルがすそをたくしあげて、走りに走って寝室にかけつけると、十一人がいっせいに「わーわー、もうちょうをきって、ちょうだいよー」と泣き叫んでいたのでした。みんな、あのマドレーヌのおなかのきずあとが羨ましくてたまらなかったのです。

■十四年後の続編は…

この『げんきなマドレーヌ』はとても評判がよく、コールデコット賞のオナーブックスにも選ばれたのですが、そのあとがつづきませんでした。どうしてもストーリーがまとまらなかったのだそうです。そんなある日、「早くつづきを描いて」と催促する近所の女の子に、作者はストーリーづくりを手伝ってくれるなら五〇セント貨をいくつかあげようと持ちかけます。「わけないわよ。犬よ」と女の子はお金を受けとるとすぐに話しはじめました。「マドレーヌが犬を飼うのよ。その犬がおっぱらわれちゃって、もどってきて、そうね、みんなにもゆきわたるほど子犬をつれてきたら？」

そして、本当にそのとおりの第二作『マドレーヌといぬ』が一冊目から十四年後に出版されたのでした。十二人の女の子がいつものように二列になって散歩に出かけたとき、マドレーヌが橋から川へ落ちてしまいました。警官や釣り人や船に乗った人たちが懸命に助けようとしますが決め手がありません。そのとき一匹の犬が川にとびこみ、マドレーヌの上衣をくわえ、岸まで泳ぎきりました。

マドレーヌは散歩の途中橋を渡るとき、欄干の上を両手をのばしてバランスをとって渡るのが好きでした。それで足をすべらせたのです。でも勇敢な犬のおかげで一命をとりとめました。みんなはもちろんその犬をつたのからまるおやしきに連れ帰り、ジュヌビエーブという名前をつけて競争でかわいがりました。

■いやなおとながやってきて

けれど半年たって「がっこうけんさのひ」が来ました。いやみな評議員がぞろぞろやってきて、部屋のすみずみまで検査するのです。作者は明白な反感と軽蔑を隠しもせず、この評議員たちをこっけいに描きます。

ミス・クラベルの「こどもたちがかわいがっていますので、どうかおゆるしねがいます」という懇願も聞かずに委員長はジュヌビエーブを追い出してしまいます。

そのとき、マドレーヌはいすにとびのって叫びます。「いいんちょうどの！　おぼえていなさい！」「ジュヌビエーブほど、えらいいぬはないわ。あなたには、てんばつがくだりますから！」マドレーヌの頬には一粒涙が光ります。これは抗議というより、神と正義は子どもと共にあるという宣言だとぼくには思えます。委員長はともかく、ぼくは覚えておきましょう。

このあとみんなでジュヌビエーブを探しに行きます。サクレ・クール寺院、サン・ジェルマン地区、チュイルリー公園など、カラーの美しい風景の中に、子どもたちが点在しています。どんな場合でも、ベーメルマンスは子どもを大きくは描きません。風景の中の子どもは、からだも力もいつだって小さいのです。いくら探しても、犬は見つかりませんでした。でも、その夜おそく、おやしきの外灯の下でジュヌビエーブがほえました。

当然少女たちは大騒ぎ。それも二度も三度も。さすがのミス・クラベルもびっくりぎょうてん！　なんと、ジュヌビエーブはみんなの数だけ（つまり十二匹の）子犬を産んだのです。

こうして、ストーリーをアドバイスしてくれた女の子の予言は、みごとに成就しました。そして、この作品は一九五四年のコールデコット賞を受賞したのでした。

『あまがさ』

■プロレタリア画家、夫婦でアメリカへ

今回紹介するのは、やしまたろう（一九〇八〜一九九四年）という日本人の絵本作家の作品です。やしまが描いた絵本は、『からすたろう』（「Crow Boy」一九五五年）、『あまがさ』（「Umbrella」一九五八年）、『海浜物語』（「The Seashore Story」一九六七年）の三冊が、コールデコット賞のオナー・ブックスに選ばれています。

なぜ日本人が、アメリカ在住のイラストレーターに与えられるコールデコット賞の対象になったのか、疑問に思われるかもしれないので、やしまたろうの経歴を簡単に記しておきます。

『あまがさ』
やしま・たろう／作
福音館書店　1963 年
（原書初版 1958 年）

やしまたろう（本名は岩松淳）は、鹿児島の医者の息子として生まれました。画家を志し東京美術学校に入学しますが、アカデミズムとモダニズムの氾濫する当時の画壇にあいそをつかして、一九三〇（昭和五）年に中退してしまいます。一説には軍事教練を拒否して退学になったともいわれています。その後プロレタリア美術家同盟に加わります。

瀬田貞二は書いています。「岩松はほどなく、同じ志をいだいた女子画学生と結婚して、二人して歪んでいく軍国主義に体あたりをしました。はげしい漫画やポスターが描かれました。そして当局の手で、二人とも獄につながれました。奥さんはみごもっていました。岩松は拷問のすえに、監視つきで出獄しました。そして、

ますます荒んでいく故国と、ひとり子のマコをあとにして、夫婦は昭和十四（一九三九）年に貨物船でアメリカに渡りました。」（『絵本論』一九八五年　福音館書店）
困難なアメリカでのくらしの中でも、夫妻は絵を学びつづけ、描きつづけました。そして戦後、挿絵入りの自叙伝『新しき太陽』（「The new sun」一九四三年）でアメリカの出版界にデビューをはたしたのでした。

■三歳の誕生日プレゼント

それでは『あまがさ』を開いてみましょう。
まず、主人公がこんなふうに紹介されます。

モモは、ニューヨークうまれの　ちいさなおんなのこです。
モモのおとうさんやおかあさんは、うまれこきょうのにっぽんの　あのかわいい桃のことをおもいだいして　むすめにこのなをつけました。

モモとは、いうまでもなくやしま夫妻のふたり目の子どもです。そのモモが三歳の誕生日に赤い長靴と青いあまがさをもらったところから、小さな、けれど読者に忘れがたい印象を残す物語がはじまります。うれしくてたまらないモモはひたすら雨を待つのですが、何日たってもちっとも雨は降りません。この導入部に作者は三見開きを費やします。窓いっぱいにひろがる青空、あるいは朝食の目玉焼きと牛乳に注がれる眩しい陽光などが描かれ、なんと新しい長靴とかさが描いてあるトビラから十二ページまで、雨は一滴も落ちてきません。読者もモモとともにじれったくなります。

そしてついに雨。あまがさをさして幼稚園に行くとき、モモはこっそり自分にいいきかせます。「わたし、おとなのひとみたいに、まっすぐあるかなきゃ！」この決意の意味するところは何かというと、二〇～二一ページと二八～二九ページの全く同じ構図の見開きを見れば一目瞭然です。右のページには顔の真ん前にかさのシャフトを立て、両手でそれをしっかり握っているモモが描かれています。ちょっと目がつりあがって真剣そのものの表情です。左ページには下の方におもちゃの鉄琴とスティックがあり、その上の広い余白にこんなキャプションがついています。

あまがさのうえでは、あめが、きいたこともないふしぎなおんがくをかなでていました。

ぼん　ぼろ

ぼん　ぼろ

ぽんぽろ　ぽんぽろ

ぽんぽろ　ぽんぽろ

ぼろぼろ　ぽんぽろ

ぼろぼろ　ぽんぽろ

ぼとぼと　ぽんぽろ

ぼとぼと　ぽんぽろ

同じ構図の見開きが二回くり返されるのは、三歳のモモが幼稚園の行きも帰りも、お父さんと手をつながずに両手でかさをささえつづけたからです。これが「おとなのひとみたいにまっすぐあるく」ということだったのです。

■幼児の初体験の証人になる役目

この三歳児の自立心の芽ばえと誇りだけで十分感動的なのですが、この絵本にはちょっとしたオマケがついています。最後のすっかり大きくなったモモのもの思いにふける表情がとらえられ、こんなキャプションがついているのです。

モモは、もういまではすっかりおおきくなって、このおはなしをすこしもおぼえていません。
おぼえていてもいなくても、これは、モモがうまれてはじめてあまがさをさしたひだったのです。
そしてまた、モモがうまれてはじめて、おとうさんやおかあさんとてをつながないで、ひとりであるいたひだったのです。

このあとがきふうのつけたしは、父やしまたろうの真情の吐露にほかなりません。三歳児の日常って、初体験の連続みたいなものです。本人はそんなことといちいち覚えていません。それが成長というものでしょう。でも、その初体験のひとこまを、かわいいというだけでなく「子どもってすごいな」と驚き、感動し、長く記憶にとどめている人がいます。親ってそういう役目の人なのでしょうね。

もうひとつ、あまがさにあたる雨粒のかなでる「きいたこともないふしぎなおんがく」も、この絵本の魅力のひとつだと書き添えておきましょう。新品のかさの上で踊る雨粒たちの音楽は、その下で緊張しているかさをささえる小さな子への雨の讃歌だったのに違いありません。

■すっかり大きくなったモモの絵本

モモ（岩松桃）は一九四八年三月に生まれています。したがって三歳の誕生日は一九五一年ですが、『あまがさ』が出版されたのは一九五八年です。とすると「すっかりおおきくなった」モモとは一九五七～八年の、つまり九～一〇歳の彼女ということになりそうです。

実は一九五八年のモモを描いた絵本があります。「Momo's kitten」（一九六一年）がそれで、日本では二〇〇九年に『モモのこねこ』として偕成社から出ています（初版『モモの子ねこ』一九八一年　岩崎書店）。こちらのクレジットにはモモのお母さんのやしまみつの名も見えます。

『あまがさ』が出版された頃、やしま家はニューヨークからロサンゼルスに引っ越します。そして、ある日モモは道端でみすぼらしい子猫を見つけ、拾って帰りかわいがって育てます。その子猫はおとなになってやがて五匹の赤ちゃんを産みます。モモが作った赤ちゃん猫の血統書に「生年月日：一九五八年一〇月一五日」と書いてあるので、この年が一九五八年で、描かれているのが、「すっかりおおきくなった」モモの姿だとわかるわけです。

『モモのこねこ』には「どうぶつのおいしゃさんになりたいモモにおくる」という献辞が添えられていますが、カバーのそでにモモ自身のこんなことばも紹介されていました。

「ちいさいころ、わたしは動物のおいしゃさんになりたいと思っていました。大人になったいま、わたしは動物のおいしゃさんではありません。そのかわり、おしばいをしたり、文章をかいたり、映画をつくる仕事をしています。そして、ふたりの女の子のおかあさんになりました。」

ついでにいえば、やしま夫妻がアメリカに旅立ったとき五歳だったモモの兄マコトは、戦後アメリカに渡り、両親と生活を共にし、やがてハリウッド俳優になりました。

『もりのなか』『またもりへ』

■森には動物がいっぱい

マリー・ホール・エッツ（一八九五～一九八四年）がコールデコット賞を受賞したのは一九六〇年のことで、受賞作はメキシコのクリスマス前のお祭りを描いた『クリスマスまであと九日　セシのポサダの日』（一九七四年　冨山房）でした。でも今回は一九四五年にオナー・ブックスに選ばれた『もりのなか』と、その九年後に発表した続編『またもりへ』を紹介することにします。

『もりのなか』は、「ぼくは、かみのぼうしをかぶり、あたらしいらっぱをもって、もりへ、さんぽにでかけました。」というキャプションではじまります。きめの粗い画用紙にコンテで描いたスミ一色の画面は、いろんな太さの木々がおいしげる森の雰囲気をみごとにとらえています。

森といえば、子どもがまず連想するのは動物です。はたして森の中で「ぼく」は次々動物たちに出会います。冠とくしをわきにおいて昼寝していたライオン、水浴びしている子どものゾウ二匹、さらに大きな茶色のクマ二匹、赤ちゃんと両親のカンガルー一家、木の上で遊んでいたサル（これも二匹）などが、実にたのしそうな表情で「ぼくのさんぽについてきました」。

　この「ぼくのさんぽについてきました」ということばは、さんぽの行列（パレードというべきでしょうか）に動物たちが加わるたびにくり返されます。はじめは「ぼく」とライオンだけだったのに（P6）、二八～二九ページの見開きになると十三人の大行列です。その見開きのキャプションは、こうです。

> 　ぼくは、らっぱをふきました。らいおんはほえました。ぞうは、はなをならし、おおきなくまは、うなりました。かんがるーは、たいこをたたき、こうのとりは、くちばしをならしました。
> 　さるは、おおきなこえでさけびながら、てをたたきました。けれどもうさぎは、なんにもいわないで、ぼくのさんぽについてきました。

『またもりへ』
マリー・ホール・エッツ／ぶん・え
まさき・るりこ／やく
福音館書店　1969年
（原書初版1953年）

『もりのなか』
マリー・ホール・エッツ ／ぶん・え
まさき るりこ／やく
福音館書店　1963年
（原書初版1944年）

森はもはや「ぼく」と動物たちの祝祭空間です。おもしろいことに、「ぼく」の仲間になる動物たちは、ライオンが冠をかぶっているように、ゾウはセーターを着たりくつをはいたりしているし、カンガルーはたいこを首からさげて叩くし、サルは木のうろから「よそいきのようふく」を出してきて着こみます。つまり、野性の動物ではないのです。ひとつの森にライオンとカンガルーがいっしょに暮らすというのも、ちょっとヘンですね。この動物たちは、「ぼく」の心がよびだし、招きよせた遊び仲間にほかなりません。

■遊びの幻想空間としての森

子どもの理想的な遊び場はというと、おとなはなんとなく広々とした原っぱを思い浮かべがちです。草がしげり花が咲いているくらいはいいけれど、見通しはよくなくては、と考えるのです。木々がおいしげり、奥の方へ入ると昼なお暗い森なんて、危険が多すぎるというわけ。確かにそりゃそうだろうけど、ぼくは広い原っぱで鬼ごっこや縄とびや虫捕りをしている子どもたちを夢想しているおとなには、すでに監視のまなざしが生まれているように思えてなりません。子どもの遊びって、どこからだれに見られていてもかまわないというほど公明正大なものではないのです。

おとなたちの無遠慮な視線から自分たちを隠してくれる木々や茂みのある森こそ、子どもたちにとって最良の遊び場なのだ、とぼくは思います。まだ学校にも上がっていない小さい「ぼく」は、森の中へひとりで入っていきます。そして仲間に次々出会いました。それは、森が現実の森でありつつ、「ぼく」固有の遊び空間に変質したことを意味しています。

「ぼく」は、森に守られて自由になります。「かみのぼうし」と「あたらしいらっぱ」はちょっとしたマジカル・ツールだったのでしょう。絵本やおもちゃ箱ですでに顔見知りの動物たちは、「ぼく」のひとり遊びの拡大と充実に目いっぱい貢献してくれたのでした。

森の奥で「ぼく」と動物たちはひと休みしておやつを食べます。そして、「ハンカチ落とし」や「ロンドン橋落ちた」をして遊びます。最後はかくれんぼ。「ぼく」が鬼になり、動物たちはみんな隠れます。「もういいかい！」といって目をあけると動物たちはだれもいなくなっていて、「ぼく」を探しにきたお父さんに会います。

「いったいだれとはなしてたんだい？」と、おとうさんがききました。

「どうぶつたちとだよ。みんな、かくれてるの」

「だけど、もうおそいよ。うちへかえらなくっちゃ」と、おとうさんがいいました。「きっと、またこんどまでまってくれるよ」

それでぼくは、おとうさんのかたぐるまにのって、かえりながらいいました。「さようならぁ。みんなまっててね。またこんど、さんぽにきたとき、さがすからね！」

小さい子には、いっしょに遊んでくれる心の友だちと、探しにきてくれるお父さんと、両方必要なんですね。これが子どもの幸せの二大条件です。

■森の「うでじまん」大会

二冊目の『またもりへ』は、かくれんぼの途中でさよならをしたほんの数日後のことのように、ごく自然に描かれています。「ぼく」が紙のぼうしをかぶりラッパを持って森に入っていくと、わいわい、がやがや話し声が聞こえてきました。動物たちが集まって「ぼく」が来るのを待っています。座長ふうのとしとったゾウが説明してくれました。「みんな、じぶんのとくいなことをやって、だれのがいちばんいいか、うでくらべをしよう」って会議で決まったのだそうです。ゾウは「ぼく」に「よびだしがかり」を命じました。

最初によんだのはキリンです。キリンは首を長く長くのばし、木の葉に隠れて頭が見えなくなります。「よろしい、なかなかよろしい」とゾウがいいます。この「よろしい、なかなかよろしい」は次々登場する動物のうでじまんごとにくり返されます。前作の「ぼくのさんぽについてきました」と同じように、これが展開のリズムになっているんですね。くり返し読んでやると、小さい子も覚えてしまい、「よろしい、なかなかよろしい!」をいっしょにいうタイミングを待ちかまえるようになります。

うでじまんというのは、ライオンは大きな声でほえて木の葉を散らし、小石をはじきとばすというもの。ネズミとヘビは、目にもとまらぬはやさで草の間をかけぬけるというもの。おかしいのはアヒルです。「ぬれもしずみもしないで、みずのうえにうかんでみせました」。これでももちろんゾウは、「よろしい、なかなかよろしい」と太鼓判を押します。

それぞれほかの動物にはまねのできない「うでじまん」でしたが、でもキリンにしてもアヒルにしても、本人にとってはなんでもないこと。それを「よろしい、なかなかよろしい」とほめられるのですから、この肯定感は圧倒的です。ところで「ぼく」の「うでじまん」は笑うことでした。ぼくが声をたてて笑うと動物たちは目を丸くして立ちあがりました。「これが、いちばんいい! ほかのだれにも、これはできないからねえ」と、としとったゾウはいいました。

そして、また前作のようにお父さんが迎えに来てくれます。だれもいなくなった森で「ぼく」はまだ笑いころげています。「ぼく」の説明を聞いてお父さんはこういうのです。「おとうさんだって、ほかになにもできなくてもいいから、おまえのようにわらってみたいよ。」

子どもの無邪気とおとなの屈託のこの対比、胸をつかれますね。

ふたりは手をつないでうちへ帰りました。画面のすみで、ネズミとヘビがそれを見送っています。

『チャンティクリアときつね』『にぐるまひいて』

■絵本は絵をたのしむもの

バーバラ・クーニー（一九一七〜二〇〇〇年）は、コールデコット賞のメダルをふたつももらっています。オナー・ブックスに複数回選ばれる人はそうめずらしくはないけれど、正賞を二回も受賞した人は、クーニーのほかには『かもさんおとおり』のロバート・マックロスキーと、マーシャ・ブラウン（『三びきのやぎのがらがらどん』の作者）くらいしか、ぼくは思い当たりません。

それはさておきクーニーの一回目の受賞作は一九五九年の『チャンティクリアときつね』。これは、チョーサーの『カンタベリー物語』の中の寓話のひとつを、クーニーが自ら子ども向きのテキストに書きかえて、みごとな絵をつけたものです。絵のある三四ページのうち十八ページが四色刷り、他はスミと朱色の二色仕立てでいたってシンプルなのですが、その美しさといったら！

お話も単純です。谷間の森の近くに小さな家があり、お母さんとふたりの女の子が、雌牛やブタやヒツジやニワトリといっしょにつつましくくらしていました。チャンティクリアというのは、その家の立派なオンドリの名前です。彼は美しい姿と「教会のオルガンよりもきれいにひびく」鳴き声が自慢のうぬぼれ屋でした。

ある日、森に住みついていた悪がしこいキツネが、この家のニワトリたちの遊び場になっている庭にしのびこんできました。そしてすきをうかがってチャンティクリアに声をかけてきました。あなたのおとうさんとは友だちだったと、キツネはいうのです。おとうさんは実にみごとなお声でお歌いになった。あんな歌い方ができるのは、いまではあなただけです、とチャンティクリアをおだてあげます。

「あなたのおとうさんは、大きな声を出すときには、りょうほうの目をとじて、お歌いになりました。こんなふうにつま先

『チャンティクリアときつね』
バーバラ・クーニー／ぶん・え
（ジェフリー・チョーサー／原書）
ひらの けいいち／やく
ほるぷ出版　1975 年
（原書初版 1958 年）

『にぐるまひいて』
ドナルド・ホール／ぶん
バーバラ・クーニー／え
もき かずこ／やく
ほるぷ出版　1980 年
（原書初版 1979 年）

で立って、長い首をぐっとのばしてね。」

すっかりいい気分になったチャンティクリアは、首をのばして目をつむりうたいはじめます。すかさずキツネはその首をがっぷりくわえて森へ逃げ出しました。さあ大変！　めんどりたちは大騒ぎ。お母さんとふたりの女の子もとび出してきて、どろぼうギツネを追いかけます。めうしもヒツジもブタも、みんな必死に走ってキツネを追います。

このあとはクーニーの文章そのままを引用しますね。


さて、みなさん、これからさきをよおく聞いてくださいな。

きつねにつかまったチャンティクリアは、こわくてこわくて、でも勇気をふるいおこして、こういったのです。

「ねえ、ぼくがきみだったら、おいかけてくる連中に、こんなふうにいってやりますよ。――『おまえたち、ひきかえすがいい！　ここはもう森のはずれだ。おまえたちがどんなにじゃまをしても、えものはぜったいにかえさないぞ！　すぐに、わしのいぶくろに入ることになっているんだ』――とね」

「そいつはいい考えだ。そのとおりやってみよう」

きつねはそういって口をあけたとたん、チャンティクリアは、すばやくきつねの口からにげだして、高い木の枝にとびあがりました。


最終ページの絵がいいんです。お母さんがチャンティクリアを胸に抱きあげています。安心しきったオンドリは甘えるように、おかあさんは頬ずりしているように見えます。両脇から姉妹がそれを見上げています。

ああ、よかった！

ここから「教訓」を導きだすのは勝手です。でもぼくは十四世紀の田舎のくらしを活写したクーニーの絵の世界を楽しむのがいちばんだと思います。クーニーはこの絵本を描くために実際友だちから借りたニワトリたちとくらしていたみたいですよ。あのマックロスキーがバスルームでカモを飼っていたみたいに。

■人が働き、くらすということ

『にぐるまひいて』は一九八〇年受賞ですが、描かれる世界は一八三〇年代のニューイングランド地方です。文章を書いたドナルド・ホールは詩人でたくさんの著作がある方だそうです。絵本の末尾の紹介欄でこんなことを語っていました。「そもそも、この話は、近所に住んでいたいとこから聞いたものです——そしてそのいとこは、幼いころ、ある老人から聞き、またその老人は、子どものころに、大変なお年寄りから聞いたのだそうです。語り継がれたこの伝統のすばらしさ！」

では、その語り継がれた物語とはどんなものなのでしょうか。

一ページ目のキャプションは、こうです。

10月、とうさんはにぐるまにうしをつないだ。それから、うちじゅうみんなで、このいちねんかんにみんながつくりそだてたものを、なにもかもにぐるまにつみこんだ。

納屋のまえににぐるまをつないだ牛ととうさん。空色のペンキで塗られたにぐるまには、白い大きな幌（ほろ）がかけられています。赤や黄の紅葉が散りはじめています。次のページからにぐるまにつみこんだ「みんながつくりそだてたなにもかも」が次々紹介されていきます。

1　四月にとうさんがかりとったひつじの毛をつめたふくろ。
2　その毛をかあさんがつむいで織ったショール。
3　かあさんがつむいだ糸でむすめが編んだ指なし手袋五組。
4　みんなでつくったろうそく。
5　亜麻から育て、しあげたリンネル。
6　とうさんが切り出した屋根板の束。
7　むすこがりょうりナイフでつくったしらかばのほうき。
8　畑からほりだしたじゃがいも。
9　りんご一たる。
10　はちみつとはちの巣。
11　かぶとキャベツ。
12　三月にかえでの樹液を煮つめてとったかえで砂糖の木箱づめ。
13　放し飼いのガチョウから子どもたちがあつめた羽毛ひとふくろ。

これを全部のせて、にぐるまは出発します。ポーツマスの市場まで一〇日がかりです。丘の上の家のまえでかあさんが、下の道の途中で女の子と男の子が、手を振って見送ります。近くの山は全山紅葉。遠くの山は灰色にけむっています。空を渡り鳥が飛んでいきます。この九〜一〇ページの横長（下部の約四〇パーセントが白紙になっている）の見開きは、本当に美しい！　ポーツマスは大きな港町です。市場につくと、とうさんはまず牛に水をやり、市場のアーケードみたいなところで店を出し、じゃがいもやりんごやキャベツをならべました。羊毛もショールも手袋も、ろうそくも屋根板もほうきもみんな売りました。はちみつもかえで砂糖も売りました。

全部売ってしまったあと、さらにとうさんは、かえで砂糖のあき箱、りんごのあきだる、じゃがいものあき袋も売ってしまいました。それだけではありません。からのにぐるまも、最後に牛も売りました。

そして市場にもどり、暖炉の上にかける鉄の鍋と、むすめのために刺しゅう針を、むすこにはほうき作り用のナイフを買いました。むすこは今年まで料理用のナイフで仕事をしていたのです。最後に、家族みんなのためにはっかキャンディを二ポンド買いました。

それらをみんな鉄の鍋につめて、鍋の把手に棒をとおして肩にかつぎ、とうさんは家路を急ぐのでした。果たして、これが「語り継がれた物語」といえるでしょうか。どこがおもしろいのって聞かれそうです。じゃ、もう一度はじめからゆっくり読み直してみてください。さりげない一行、画面のすみのちょっとしたディテールに、物語はやどっています。

『ゆきのひ』『ピーターのいす』

■生まれてはじめての雪体験

エズラ＝ジャック＝キーツ（一九一六〜一九八三年）は四〇代のなかば過ぎてから発表したはじめての絵本『ゆきのひ』で、一九六三年のコールデコット賞を受賞しています。この絵本を手にしてまず目を引くのは、主人公がアフリカ系の（つまり黒人の）男の子だということです。

最初の見開きのキャプションは、こんなふうにとてもシンプルです。

> ふゆのあるあさ、ピーターはめをさまし、まどのそとをみた。ゆきがよるじゅうふっていたんだ。どこをみても、ゆきがつもっていた。

ここには、ピーターの紹介らしいことはなにも書いてありません。子どもにとって雪の朝は心浮きたつものです。ベッドの上に起きあがって窓の外を見るピーターの表情は、まだ夢の中にいるようなぼんやりした感じです。

『ゆきのひ』
エズラ＝ジャック＝キーツ／ぶん・え
きじま はじめ／やく
偕成社　1969 年
（原書初版 1962 年）

『ピーターのいす』
E ＝ジャック＝キーツ／さく
きじま はじめ／やく
偕成社　1969 年
（原書初版 1967 年）

でも朝ごはんを食べると、フードつきの赤いマントで身じたくして、外へとび出しました。見たところ、ピーターは三～四歳くらい。ひとりで雪の中に出ていったピーターに何か特別のことが待ちかまえていたわけではありません。雪の道を歩いていくと、ピーターの靴の下で雪はきゅっきゅっと鳴ってへこみました。そしてくっきりとピーターの足跡を残してくれたのです。

棒を拾って木の枝の雪を落としたり、その雪がピーターの頭に落ちてきてびっくりしたり、大きい子たちの雪合戦に仲間入りできたらなあと思ったり、雪だるまを作ったり、ふかふかの雪の上に倒れて両腕を大きくひろげて天使のかたちを作ったり、雪の山にのぼりまたそこからすべり下りたり、初体験の雪遊びを心ゆくまでたのしみます。友だちは出てきません。この日ピーターにとって雪こそが友だちだったのです。子どもは雪で遊ぶのではなく雪と遊ぶのですね。特別のことがピーターを待ちかまえていたわけではなかったと少し前に書きましたが、あれは間違いでした。この日あったことは、ピーターにとってすべて特別のことだったのです。

■絵本作家の「わが内なる子ども」

キーツはポーランド系ユダヤ人の移民の子としてニューヨークのブルックリンの貧民街に生まれて育った、と瀬田貞二さんは『絵本論』の中で書いています。そのあとをちょっと引用しましょうか。

――病弱で早く絵に親しみ、四歳ごろから描いたという。八歳のとき、わきにかかえた画稿を年上の悪童達に奪われたことがあった。それが意外にも悪童の敬意をまねいて、以後「やあ、先生」と一目おかれるようになったという。

これはキーツの自信をつちかう遠因となった。そして彼は画家になった。彼は絵本を考える際に、いつも「わが内なる子ども」に聞くというが、幼少年時代の体験は大きなものであって、絵本の舞台はきまって下町、主人公が黒人、といっても主義主張の道具ではなくて、彼に親しくて自然な存在として選んだにすぎない。街の子であったキーツは、真っ正直にかざらずに自分を（自分の内心の子どもを）あらわすことを知っていたのである。

キーツが子どもに寄せる共感の深さは、家に帰ってからのピーターの描き方にも、はっきり示されています。二四〜二五ページには、ピンクの猫足のバスタブに入っているピーターが描かれ、「それからピーターは、ゆきのなかでなにをしたか、なんかいもなんかいもおもいだした。」というキャプションが添えられています。小さい子の本当の充実感って、こういうものだったのだ、と読者はふと自らの子ども時代を思い出さずにはいられなくなるでしょう。

『ゆきのひ』以後、キーツは『ピーターのくちぶえ』（一九六四年）、『ピーターのいす』（一九六七年）、『ピーターのてがみ』（一九六八年）、『ピーターのめがね』（一九六九年）と、ピーターの成長にあわせた作品を発表しつづけます。

■そして、ピーターはお兄ちゃんに

どれもすてきなのですが、『ピーターのいす』を大急ぎで紹介することにします。ピーターの家ではスージーという赤ちゃんが生まれたばかりです。ピーターが遊んでいた積み木が倒れてガシャーン！　するととなりの部屋から「しいーっ」とおかあさんの声。「もっと、しずかにあそんでね。うちには、うまれたてのあかちゃんがいるのよ。」

ピーターがスージーの部屋をのぞいてみると、この間までピーターが使っていたゆりかごがピンクに塗りかえられています。おとうさんは、これもピーターのだった青い食堂のいすをピンクに塗っています。赤ちゃんベッドも、もうピンクになっていました。ただひとつ、ピーターがちっちゃいときにすわったいすは、まだ青いままでした。

ピーターは、その青いいすを持って家出することにきめました。飼い犬のウィリーといっしょに。

そのあとの二見開き分のキャプションを写してみます。

ピーターといぬは、おもてにでて、いえのまえに、たった。

「ここが、いいや。」

ピーターは、もちものを、きちんとならべ、しばらく、いすにすわっていることにした。

ところが、おしりが、いすにはいらない。ピーターは、おおきくなりすぎていたんだ！

下の子が生まれたときの上の子のとまどいとさびしさを描いた子どもの本は数多くありますが、この絵本は中でも傑作だとぼくは思います。自分用の家具が次々妹のために塗りかえられていくという具体的な展開がとてもわかりやすいので、ピーターの心情をくだくだ表現する必要がありません。家出という子どもらしい対抗手段も明快です。そして何より、ピーターが大きくなりすぎてもう小さないすには座れなくなっていることを、だれに教えられるのでもなく、ピーターが自分の経験で理解するところがいい。

おひるご飯のとき、おとうさんのとなりのおとなのいすに座ったピーターは、自分から「あのちっちゃないす、スージーのために、ピンクにぬろうよ。」と提案します。そして、「そいで、ふたりで、ぬったんだ。」という画面でこの絵本は終わります。

絵本を読んで感動する理由っていろいろあると思いますが、主人公への共感に加えて、作者に「よくぞここまで子どもを大切にしてくださいました！」とリスペクトをこめた感謝をささげたい、そんな気持ちが胸にあふれてくることがぼくにはよくあります。エッツやキーツって、そういう絵本作家ですよね。

最後に、キーツのコラージュの手法とその効果にも簡単にふれておかねばなりません。キーツは切り紙（無地のものばかりか模様紙も用いる）を貼って画面を構成します。それによって輪郭線がとてもスッキリして画面全体が気持ちよく引きしまります。そしてその上に必要に応じてペイントも重ねます。

『ゆきのひ』にしても『ピーターのいす』にしても、まず画面の美しさを十分たのしんでみてください。

『かいじゅうたちのいるところ』

■おかあさんのお仕置きにもめげず

モーリス・センダック（一九二八～二〇一二）がようやくコールデコット賞のメダルを獲得したのは、一九六四年のことです。ようやくというのは、それまで一九五四年、一九五九年、一九六〇年、一九六二年、一九六三年と五回も最終選考に残り、オナー・ブックスに選ばれていたからです。これらの作品は、ルース・クラウス、エルス・ミナリック、シャーロット・ゾロトウといった力のある書き手の文章に、センダックが絵を添えたものでした。

センダックはポーランド系ユダヤ人の子としてブルックリンで生まれ、育ちました（この点はエズラ＝ジャック＝キーツと同じです）。ウィンドウ・ディスプレイの仕事をしながら絵を学び、やがて子どもの本の挿絵を描くようになります。

そしてついに物語と絵のすべてを彼らしく周到に描きあげた『かいじゅうたちのいるところ』でコールデコット賞を受賞したのでした。三五歳のときでした。

絵本は、わんぱくざかりの男の子のいる家庭ではよくある光景からはじまります。最初の見開き三つ分のキャプションをつづけて書くと、こうなります。

あるばん、マックスはおおかみのぬいぐるみをきると、いたずらをはじめておおあばれ…おかあさんはおこった。「このかいじゅう！」マックスもまけずに、「おまえをたべちゃうぞ！」とうとう、マックスはゆうごはんぬきで、しんしつにほうりこまれた。

ふつうならこのあと、閉じられたドアをドンドン叩き、なおもおかあさんをののしりつづけ、しかしやがて力つき、「ごめん

『かいじゅうたちのいるところ』
モーリス・センダック／さく
じんぐうてるお／やく
冨山房　1975 年
（原書初版 1963 年）

なさい、もうしません」と泣きながら謝って、ようやく許されるという展開になるはずです。ところがマックス（四～五歳でしょうか）は、泣きもしなければ許しを乞いもせず、昂然と自分を閉じ込めたドアをにらんでいます。

■マックス、かいじゅうの王様になる

おかあさんがマックスに「このかいじゅう！」といったところは、英語版ではこうなっています。―his mother called him "WILD THING!" ―「かいじゅう」というのはモンスターではなくて、ワイルド・シングなのです。しつけられ、完全におとな好みに馴致された「よい子」ならワイルド・シングなんていわれませんが、そんな子は本当のところ存在しません。「よい子」になろうと努力していても、あるいは眼の悪いおとなには「よい子」に見えても、子どもはもともとワイルドな部分を隠しもっていて、それを力にもし、頼りにもして成長をとげていく人たちなのです。

幼いマックスは、遊びに興奮しその勢いで内なる野生（レヴィ＝ストロースふうにいうなら）にめざめてしまったのでした。作者のセンダックはそういうマックスに加担します。ドアを叩いて許しを乞うのはワイルドな部分を封印して「よい子」にもどることですが、センダックはワイルドなマックスの心にふさわしく、寝室を改造したのです。

どういう魔法なのか、寝室の柱という柱は木となってすくすくと伸びはじめ、ベッドや壁は影となって消え失せます。カーペットは草むらに変わっていました。マックスは二足歩行のオオカミとなって月夜の森に躍り出て行きました。

森のむこうには海がひろがっています。打ち寄せる波がマックスのふねを運んできました。それに乗り込み、さあ、出航です。それから一年と一日渡航してマックスはある島につきます。そこが「かいじゅうたちのいるところ」です。

マックスを迎えるかいじゅうたちのおそろしいことといったら！　しかもおそろしいだけじゃないんです。表情豊かで、ちょっと滑稽で、くり返し見ているとチャーミングとさえ思えてきます。このキャラクター・デザインは秀抜の一語に尽きます。

マックスは、このかいじゅうたちを「しずかにしろ！」と一喝し、さらに「かいじゅうならし」の魔法を使いました。

マックスがめをかっとひらいて、かいじゅうたちのきいろいめをじーっとにらむと、かいじゅうたちはおそれいって、こんなかいじゅうみたことないといって、マックスをかいじゅうたちのおうさまにした。

■絵のサイズが示すクライマックス

かいじゅうたちの王様になったマックスは、「かいじゅうおどりをはじめよう！」と声をはりあげます。その次のページから三見開き画面いっぱいに、もの狂おしいかいじゅうたちのカーニバルが描かれます。キャプションはありません。

はじめに説明しておくべきだったかと思うのですが、この絵本の特徴のひとつは、ページごとに絵のサイズが変わっていること。最初は右ページのまん中にたっぷりした余白に囲まれて、マックスのいたずらぶりが描かれます。ページをめくるたびに絵が大きくなり、森に躍り出るところから右ページ全部が絵になります。航海中に絵は次第に左ページを侵食していき、マックスがかいじゅう島に到着したところから左右いっぱいにひろがります。

それでも、この段階では下にキャプション用の余白がとってあったのですが、カーニバルに至って二ページ分すべてが絵になりました。ここがこの絵本のクライマックスだぞ、と小さな読者にも気づくはずです。そして、呼吸するのも忘れてかいじゅうたちの乱痴気騒ぎに見入るはずです。

もうかいじゅうはこわくありません。なぜなら、あの妙な一党は自分の中にもいて、ときどきあばれ出す「野生」なのだと直感するからです。ぼくもマックスのようにあの仲間に入ってあばれてみたい、そんな気分です。けれど、マックスがずーっとこの島にとどまって、かいじゅうの王様をつづけることが読者たちの望みでしょうか。センダックはそうは考えませんでした。いつしか馬鹿騒ぎにもあきて、マックスはかいじゅうたちを夕ごはんぬきで眠らせます。

するとと、どうだろう、マックスはおうさまなのにさびしくなって、やさしいだれかさんのところへかえりたくなった。
そのとき、とおいとおいせかいのむこうから、おいしいにおいがながれてきた。マックスはかいじゅうたちのおうさまをやめることにした。

時に愛に背き、秩序を乱す子どもたちもその内なる野生を十分解放しさえすれば、また帰るべきところへ帰れるのです。マックスが寝室に帰りついたとき、森は消えていつもの寝室にもどっていました。そして窓際のテーブルに「ちゃんとゆうごはんがおいてあって、まだほかほかとあたたかかった」そうです。
センダックは、コールデコット賞受賞の際のあいさつの中で、七歳の男の子にもらったこんな手紙を紹介し、ひと言つけ加えています。

「かいじゅうたちのいるところにいくのには、いくらかかりますか？　あんまり高くなかったら、こんどの夏やすみに妹と行きたいとおもっています。すぐにおへんじください。」私はその質問には答えませんでした。なぜなら、遅かれ早かれこの子たちは、お金など払わずに自分で行く道を見つけるに違いないと思ったからです。

日本の絵本、異色作

前章では権威あるコールデコット賞の受賞作をならべたのですが、ここでは日本の作家によるぼくの「お気に入り」の絵本を集めました。どれを入れてどれをはずすか最後まで迷いましたが、「だれがなんといってもこれはいい！」といいきれる絵本をどんな「権威」とも無関係に独断で選びました。結局、絵本に対する「好き」という気持ちは、説明しきれないそれぞれの心の秘密に起因しているのではないか、とさえ思います。

個々の作品への思いは本文に譲りますが、その魅力が実にバラバラなのに改めて気づきます。それはそのままぼくの子どもに対する、そして、絵本に対する気持ちのバリエーショ

『いわしくん』（1993 年）
菅原 たくや／作

『おじいちゃんのおじいちゃんのおじいちゃんのおじいちゃん』（2000 年）
長谷川 義史／作

『ぼくにきづいたひ』（1995 年）
杉山 亮／作・片山 健／絵

『うたうしじみ』（2005 年）
児島 なおみ／作

『あのときすきになったよ』（1998 年）
薫 くみこ／さく・飯野 和好／え

ンを表しているのだろうと思います。

子どもであれおとなであれ、ぼくたちが絵本に求めるのは、そのときどきで違ってきます。そっと心なぐさめられたいとき、全く新しい体験をしてうろたえたとき、意味もなくバカ笑いしたいとき、それにふさわしい絵本を手にとることができる人はしあわせです。

しかも、それらの心の動きは、多くの場合、気軽に吐露されません。そういう気持ちでいること自体がうしろめたいといった屈折さえあります。その屈折ごと受け入れてくれ、それとなく共感できるささやかなメッセージをもたらしてくれるもの、それが絵本です。小さい子のふりをして読みふけるうち、年齢その他、もろもろのしがらみから解放された自分と改めて出会うのだ、といったら理屈っぽすぎるでしょうか。

『チータカ・スーイ』（2006年）
西村 繁男／さく

『ルリユールおじさん』（2011年）
いせ ひでこ／作

『焼かれた魚』（2006年）
小熊 秀雄／文・市川 曜子／画

『焼かれた魚』（1997年）
小熊 秀雄／文・新田 基子／絵

『さがしています』（2012年）
アーサー・ビナード／作・岡倉 禎志／写真

『いわしくん』

■絵本に学んだ子どものこと

マックロスキー、バートン、シーモント、ベーメルマンス、エッツ、クーニー、キーツ、センダック、それにやしまたろう――こういった作家たちの絵本によって、ぼくは絵本のおもしろさ、奥深さはもとより、子どもとはどういう人たちなのかを深く教えられました。絵本を読みながら、しばしばため息をついたものです。ああ、自分の子ども理解はまだまだ浅かったなあ、と思わずにはいられなかったからです。

恩義を感じる子どもの本の作家たちはまだまだたくさんいるのですけど、ここからちょっと目先を変えてみたいと思います。今度は日本の絵本にしましょう。それも『ぐりとぐら』(一九六七年　福音館書店)やら『100万回生きたねこ』(一九七七年　講談社)やらといった人気の高い名作は避けて、一九〇〇年代後半以降に出たちょっと異色の作品を選んでみます。

『いわしくん』
菅原 たくや／作
文化出版局　1993 年

■シンプルなイラストとことば

その手はじめに菅原たくや『いわしくん』を読んでみましょう。この本、絵本を読んでと頼まれて出かけるとき、はじめての会の場合は必ず持って行きます。各ページのキャプションの文字数が少なく、しかも太い活字で読みやすいので、近視の上に老眼がかさなったぼくには大助かりなのです。

画面構成もとてもシンプルで、輪郭線はサインペンで描いたもののように太く、くっきりしています。スクリーン・トーンを多用しているらしい網点が微妙な色合いで美しく、スマートな感じです。絵本というよりイラスト集みたい。

しかもそのストーリーが読者の意表を突くスピーディーな展開で、はじめての人は絶対びっくりします。読んでやる方としては、子どもたちの「えっ?」「あれっ?」という表情をたのしむことができます。まあ、読み聞かせの醍醐味ですね。あっ、この「読み聞かせ」というのは、子どもの本の世界の業界用語。複数の子どもたちにページをめくり示しながら絵本を読んでやることを、保育者や文庫の人たちはこういいならわしています。善意や親切の押しつけがましさに無自覚なことばだとぼくは思います。

そんなことより、『いわしくん』の中身です。「ぼくはいわし。日本の海でうまれた。」これが一ページ目のキャプションで、次をめくると「ぼくはおよいだ。」見開きいっぱいに確かにいわしが泳いでいます。右から左へまっすぐ泳いでいるのが一〇匹、なため上に向かうのが三匹、反対に下に行くのが六匹、そして手前に(読者の方に)向かってくるのが六匹、全部で二五匹のいわしが描かれます。遠近感を強調した構図で、正面からとらえたこちらに向かってくる三匹の頭部はかなり大きく、口をへの字に結んでいるので緊迫感が伝わってきます。これはただ海の中で自由自在に泳ぎ回っている絵ではなさそうです。画面の右端には網の影のようなものも見えます。

■いわしを襲う突然の不幸

不吉なものを感じながらゆっくりページをめくります。はたして次のキャプションはこんな一行でした。

「ぼくはつかまった。」漁船の船体の手前に巻き上げられるいわしでいっぱいの漁網が描かれています。でも一匹、網の目から頭をつき出しているのがいます。あ、あれがいわしくんだ。きっとうまく逃げられるんだ。衝撃のざわめきの中に、かすかな希望がきざすのを待って、いっそうゆっくりとページをめくります。

明るい色調で小さな漁港が描かれています。一隻の漁船が波止場をめざしています。その上に、例によって簡潔な一行。「ぼくはつかまった。」聞き手の不安と不満が急激に高まります。でも、こんなのおかしい、と子どもは感じます。きっとだれかに助けてもらえるんだ。漁協のおじさんとかにさ……。でもその期待は、次のページであっけなくついえ去ってしまいます。食品スーパーの台にならべられた三匹一パックのいわしたちにそえられた無情なキャプション――「パックにつめられ、ならべられ、うられた。」もうどれがいわしくんなのか見分けようがありません。

この見開きにつづく四ページは、いわしくんの運命を決定づけます。「かわれて、やかれて、たべられた。」もうどんな救命措置も不可能です。しかし、ここに至っても画面は明るく、魚焼きの網の上で茶色に焼かれた絵にさえ、さほど悲劇性はかんじられません。絵本を見つめる子どもたちはあまりの急展開に声もなく、ただただあっけにとられています。

それにしても、「たべられた。」の見開きの絵は、いわしの不幸を裏切ってとても美しい。一軒の家の大きな窓から、男の子とその両親がたのしく夕食を食べる光景がとらえられます。窓の下の植木鉢がならんだ台にのぼって黒いネコが中をのぞいています。これでこの家の今夜のおかずがいわしの塩焼きであることが確定しました。そういえば、このお母さん、さっきのスーパーでお店の人と話をしていました。

画面の左側の奥には暗い海、半月が上がっています。家の横には子ども用の補助輪つきの自転車が無造作に乗り捨てられています。あの子のでしょうか。

いのちの連鎖、いわしくんは生きている

そのあともキャプションは、「ぼく」の主語でつづいていきます。四ページ分を写すと「ぼくの肉は、人の体の一部になった。そしてぼくは学校へいった。」となります。「人の体の一部になった。」のページでは、いわしを食べたあの男の子の全身像が描かれています。満足そうな元気いっぱいの笑顔です。この男の子の元気に一匹のいわしが大きく貢献しているのは明らかです。次のページの「そしてぼくは学校にいった。」の「ぼく」は男の子であり、同時に男の子と一体化したいわしくんでもあるのです。「死と再生」といったらいいすぎでしょうか。食べることをとおして、ぼくたちはいのちを継承していくのです。

その日、学校はプールの日でした。最後の見開きでは、男の子が友だちといっしょにたのしそうに泳いでいます。さらにめくると最後の最後にいわしくんの上半身が描かれます。どちらの絵にも「ぼくはおよいだ。」の一行がそえられて。

いのちは、このように途切れることなく受けつがれていくのだという確信にみちた楽天性が、この絵本の力であり、明るさなのです。そのことを最後に至って気づかされ、ちょっと安心します。

スクリーン・トーンを多用して、肉感的な表現を排除した作者の意図は、そそっかしいセンチメンタリズムにつまずくことなく、そのずっとむこうにひろがるいのちの網目に読者を誘うことだったのかもしれません。それにしてもユニークなお話の展開でした。

『おじいちゃんのおじいちゃんのおじいちゃんのおじいちゃん』

■おじいちゃんのおじいちゃんをたずねて

この「おじいちゃん」が四回もくり返される奇妙なタイトルの絵本は、長谷川義史さんのデビュー作です。長谷川さんはいまでは各出版社に引っぱりだこの人気作家で、絵本コーナーに行けば必ず二〜三冊は見つけられます。

表紙を開き、一本の大きな木を描いたトビラを開くと、左側のページに簡潔なこんなキャプションが書いてあります。「これがぼく。5さい。ようちえんたんぽぽぐみ。」

右側のページに正面を向いた「ぼく」が描かれています。黄色い帽子をかぶり紺のスモックを着て、空色のカバンを肩からさげています。幼稚園の制服なのでしょう。「ぼく」の背景は幼稚園の園庭で、五〇人近い子どもたちがすべり台やジャングルジムや、電車ごっこやボール遊びなどをして遊んでいます。少なくとも四人の先生の姿も見えます。「ぼく」は顔が大きくてほとんど二頭身。なぜかトラネコを連れています。このネコはこの絵本の主題である時をさかのぼる旅の全過程で「ぼく」と共にあります。

では、「ぼく」はどんなふうに時をさかのぼるのでしょうか。あまり先走らないでと心落ちつけてゆっくりページをめくると、おとうさんが、まるまる太ったイワナを釣りあげたとこ

『おじいちゃんのおじいちゃんのおじいちゃんのおじいちゃん』
長谷川 義史／作
BL 出版　2000 年

ろ。左ページのキャプションは、こうです。「これがぼくのおとうさん。38さい。やすみのひはつりにいきます。」文字の下には制服の「ぼく」と例のトラネコが描かれています。そうそう、「ぼく」のかばんにはカタツムリがのっていて、これも旅のお供についてきます。先々のページでカタツムリを探してみてください。こういう遊びって、いいですよね。

■平成から昭和へ、そして大正へ

おとうさんの次はおじいちゃんにきまっています。「これがぼくのおじいちゃん。ぼくのおとうさんのおとうさん。72さい。しろいひげがはえています」のキャプションどおりまことにみごとに長いひげが顔の下半分をおおっていて、そのひげの中から口がのぞくという不思議なキャラクター。しゃれたメガネをかけ、ループタイをつけています。

「ねえ、おじいちゃんのおとうさんはどんなひと?」と「ぼく」は聞きました。その答えが次のページになるのですが、ここからバックの町のようすが変わります。「このひとがわしのおとうさん。つまりおまえのひいおじいちゃんじゃ」とおじいちゃんが示すのは、なんと復員間もない元兵士。手にはカストリ40度とラベルの貼ってあるビンを持っています。彼が立っているのは一九四〇年代後半の闇市なのです。

「おでん1皿5円」とか「たこ1本2円」なんて看板も見えます。靴みがきの少年やベーゴマをしている子もいます。遠くには進駐軍のジープめがけてかけ寄っていく子たちも描かれています。「ギブミー・チョコレート!」と叫んでいるのでしょうか。

さらにめくると「ひいひいおじいちゃん」の登場です。ソフト帽にスーツにネクタイの紳士が「ぼく」の「ひいひいおじいちゃん」らしい。彼が立っているのはなんとかキネマという映画館のまえで、そこでは「チャップリンの黄金狂時代」が封切られています。つまり大正末期なのでしょうね。ひいひいおじいちゃんが右手に持っているのは『文藝春秋』で、この雑誌が創刊されたのは大正十二（一九二三）年です。乗用車が行きかい、市電もバスも走っています。

次のページでは「ぼく」と「ひいひいおじいちゃん」は喫茶店で一休み。おもしろいのはひいひいおじいちゃんは手に森永ミルクキャラメルの例の黄色い箱を持っています。「ぼく」のために買ってくれたのでしょう。「ひいひいひいおじいちゃん」に紹介される次のページでは、キャラメルは「ぼく」の手に移っています。

■あっという間に縄文時代

立派な八の字ひげの「ひいひいひいおじいちゃん」は着物姿です。そのうしろでガス灯に点灯しているのが見えます。でもまだまわりはだいぶ明るいから点検しているだけでしょうか。ガス灯が東京の町に普及するのは明治二〇（一八八七）年ごろ。電灯に切り替わるのが明治末ですから、この時代は明治二〇～三〇年代と推測されます。

家並は、大きい商店でもかわらぶきの二階屋、人力車と馬車が走っています。巡査をのぞけばみんな着物です。画面の奥の方で洗濯している女性が描かれていますが、水はむろんつるべ方式の井戸です。

しかし、それにしてもどの時代にあっても時代考証はばっちりで、一ページでぎっしり三〇人以上の人々の生活を描きわけるのですから、この作家の力量ははかり知れません。次のページにはその「ひいひいひいおじいちゃん」といっしょに制服の「ぼく」が人力車に乗っている絵で、この絵もこまかく見るととてもおもしろい。人力車の上で「ぼく」は思いつきのようにとんでもないことを聞きます。「ひいひいひいおじいちゃんのひいひいひいひいおじいちゃんはどんなひと?」「えっ、このわたしのひいひいひいひいおじいちゃんかね」。おじいちゃんも頭に手をやってちょっと考えます。

明治時代に生きた「ひいひいひいおじいちゃん」から六代(つまり二〇〇年ほど)さかのぼるわけで、次のページで江戸時代に突入します。ここからは、「ぼく」の「ひいひいコール」がとまらなくなり、時代は猛スピードで巻きもどされます。元禄の頃かと思われる江戸町人のくらしの様子もすばらしいのですが、先を急がねばなりません。屋台の二八そばをご先祖さまと川端で腰かけて食べている「ぼく」に未練を残しながら思いきってページをめくると、もう縄文時代! なんと竪穴住居の点在する中に釣り竿かついだおじさんが描かれます。これが「ぼく」の「ひい×126おじいちゃん」だというのです。

もうこのあたりになると、左ページのキャプションは「ひいひい…」で埋めつくされます。縄文人の次は石器時代のマンモスハンター。たき火のかたわらで「ぼく」と原始人のご先祖がならんで座っている2ショットは、ふたりの表情はもちろん、背景もふくめて秀逸です。

この「ひい」という魔術的なことばに導かれた先祖めぐりの行きつく先は、もちろん猿人ならぬサルそのものです。

「ぼくのおじいちゃんは、おさるさん…なの? ぼくは…だれのおじいちゃんになるのかなあ…。」というところで、この絵本は終わりになります。はじめはゆっくりと、やがて急にスピードを増す「時の旅」は、そのままぼくたちの時間意識を反映しています。江戸時代の次は縄文時代という荒っぽさが妙にリアルに感じられます。

■おまけに『ぼくがラーメンたべてるとき』も

長谷川義史さんはデビューから七年後『ぼくがラーメンをたべてるとき』（二〇〇七年　教育画劇）という傑作を発表しています。これはデビュー作の「時間」を「空間」におきかえたような構成で、ぼくがラーメンをたべていると、となりのみっちゃんがテレビのチャンネルをかえ、そのとなりの町の男の子がバットを振り、そのときとなりの国の男の子が自転車をこぎました。

となりの国のそのとなりの国の…とつづいていきます。もう子どもは日本でのように遊んでいません。水をくみ、牛をひいて畑を耕し働いています。

「そのまたやまのむこうのくにで、おとこのこがたおれていた。」あたりは荒寥としていて瓦礫が散らばっています。中東の戦場だったところでしょうか。これらの地球上のひろがりが、「いま」という一点で刺し貫かれます。

『ぼくにきづいたひ』

■記憶の底からよみがえる初体験

別に季節限定の絵本というわけでもないのですが、暑い日がつづいてセミたちがいのちの限り鳴きはじめると、乱雑をきわめる本棚をムキになって探しまくり再会せずにはいられなくなる絵本が何冊かあります。

例えば杉山亮さんの思い切った文章に片山健さんが「これ以外にどんな絵があるというのだ」と応答した『ぼくにきづいたひ』のような……。

それにしてもすごいタイトルでしょう？「ぼくにきづく」とはどういう体験でしょうか。気づくのも自分、気づかれるのも自分というのなら、一体どういう自分がどういう自分に気づくというのでしょうか。タイトルだけでめまいがしそうですが、絵本はそのめまいのどまん中に読者をやすやすと誘いこみます。

夏のとても暑い日、「ぼく」（小学三年生ではないか、と推察しています）は、お寺めぐりを趣味とする父親につきあって、郊外のあるお寺にやってきます。お弁当を食べ終わると、父親は同好の仲間と住職の案内でお墓の見学に行き、「ぼく」はひとり本堂の縁側に座って待つことになりました。

日盛りの境内は白く乾き、ひっそりしています。

「おとうさんはなかなかかえってこない。」というキャプションのある見開きの左上に描かれた大きな石の上にトカゲが現れました。ここ二三ページまで片山さんは薄墨であえて不明瞭に描いてきたのですが、トカゲ出現を合図のように画面の焦点があってきます。「ぼく」の眼と心が風景の中に何かを見つけたかのよう。読者は早くページをめくりたくなる。そして、めくってハッとします。石からおりて画面をななめに横切ってきたトカゲが右下に鮮やかな青で描かれていたのです。

『ぼくにきづいたひ』
杉山亮／作
片山健／絵
理論社　1995年

■カラーページのクライマックス

さらに次の見開きに緑したたる大きな木が現れます。ここから二六ページ、カラーで「ぼく」の眼と心がとらえたものが、〈夢のリアリズム〉とでもいうような闊達さで描かれ、それぞれのページのキャプションと響き合います。緑の大木のページには「あれ？　あのきはまえにみたようなきがする」。

「ぼく」の眼は、木の根もと、地面を這うカブトムシ、風に舞うクロアゲハ、どこからともなく飛んできて棒くいにとまり、またスーッと飛び立つアカトンボを、そこになにか意味深いものを見透かすように次々ととらえていきます。各ページのキャプションを紹介しましょうか。

「へんだなあ？　ずいぶんむかしぼくはあのきのしたでやすんだことがあるようなきがする。」

「それにずいぶんむかしぼくはこのじめんをあるいたことがあるようなきもする。」

「それにそれにずいぶんむかしこんなかぜにもふかれたことがあるようなきがする。」

そして、アカトンボが飛び去ったとき、キャプションは突然疑問形になります。

「ぼくはどこからきたんだろう？」

さらにこうも。

「ぼくのことをかんがえているぼくはだれなんだろう？」

緑の池の底から黒いコイの姿が浮かびあがってくるキャプションのないページをめくると、再び夏の白っぽい境内で、そこのキャプションがすごいんです。

「なんだかへんなきもちだ。くうきがぼくのからだのなかをじゆうにではいりしているみたい。つちとくさのにおいをつよくかんじる。とりとむしのこえがはっきりきこえる。」

次のページはもっとすごい！

「しんぞうをなでてもらっているようないいきもちだ。」

そのページのまん中の激しい赤の渦巻状のかたまりがその心臓らしく、次のページをめくるとその拡大版が見開きいっぱいにひろがります。心臓のようにも太陽のようにも見えますが、これこそ絵本作家たちがつきつめた「いのち」の形象なのだろうと、ぼくは思います。カラーページはここまでで、次は「そして、ぼくは さっきとおなじおどうのえんがわに すわっていた。」という文字のむこうに「ぼく」と帰ってきた父親たちの姿が描かれています。「ぼく」がひとりで縁側に座っていたのは、一時間ほどのことだったのでしょう。

■杉山さんのもう一冊の本

「ぼくにきづく」という簡単ではないテーマを絵本にしたこの大胆な試みには、〈前史〉ともいうべき一冊の本があります。杉山亮さんの『ぼくは旅にでた　～または、行きて帰りし物語～』(二〇一三年　径書房)という旅日記です。杉山さんは一九八七年六月、約一か月全行程徒歩のひとり旅に出ました。旅の中で三〇代の杉山さんがどういう内面的な問題に立ちむかい、何をどうのりこえたかは、ここでは立ち入りません。ただひと言だけ、この本は旅日記のふりをした極上の長篇小説なのだということを書き添えておきます。

その旅の一〇日目ぐらい飛騨の高山から天生(あもう)峠にむかう途中、小さな無住の寺の前を通りかかった杉山さんは、お堂の正面の賽銭箱の横に腰をおろしてひと休みします。すると、〈あれ、ここは前に来たことがあるな〉という「不思議な実感が、ゆっくりこみあげてきた」のでした。でも飛騨に来たのは生まれてはじめてのこと。錯覚なのです。そして錯覚の根っこを手さぐりするようにして、少年の日、父と訪れた夏の日のお寺を思い出すのです。

でも一体、どうしてそんなことを急に思い出したのでしょうか。ただお寺のたたずまいが似ていたからというだけでしょうか。その夜テントの中でそのことを考えていると、「突然ひらめくものがあった」のでした。ちょっと引用します（原文は「／」のところで改行してあります）。

もしかすると、そこでなにかがぼくの中に起きたんじゃないか。／真昼間の誰もいない境内で、子どものぼくはなにかを感じたのだ。きっと。／それは説明のしようもない不安感とか孤独感かもしれない。／あるいはなにかに目ざめたって感じだったのかもしれない。／とにかく「大人にとっては当りまえ」だが「子どもにとっては初めて」の感情にぼくはおそわれ、とまどったのだ。（略）

子どもから大人になるための一里塚が、あの光景の中にあった。

下書きでは、引用はこれで終わりのはずでした。でももう一か所紹介せずにはいられなくなりました。山旅も最終コーナーにさしかかった頃、美ヶ原の草原で杉山さんは、もう一度少年時代のあの体験に立ちもどります。

こんな気分ははじめてだ。／すべてはあたたかく、いきいきとして快適だった。／理由などなにもないのに、ぼくは深く感動していた。／すべてを許せる気がした。同時に今まで自分がしてきた多くのまちがいや他人を悲しませた言動のすべてを、なんとか許してもらいたいとも思った。／ゆっくりと地べたに寝そべって両腕をひろげた。（略）

／天生峠の登り口のお寺で感じたなにかの手がかり――子どもの頃、父に連れられていったどこかのお寺の境内でぼくは初めて感じたのだ。／自分は生きているんだと。／それまでは生まれたから、ただ生きているだけだったのに。／そしてそのとたんに、不安と孤独と、しかし歓喜と勇気と、あらゆる感情の要素が未分離のまま、子どものぼくをおそった。／その中でぼくはまた初めて、ボーッとなっている自分を見つめているもう一人の自分の存在に気づいた。／そこからぼくはぼくの主人になった。

「ぼくにきづいた」体験をアイデンティティの核心に深く隠し持って人は生きるものなのでしょうか。

『うたうしじみ』

■よみがえった幻の名作

二〇〇五年四月に偕成社から出た児島なおみの『うたうしじみ』の帯にこんなことが書かれています。「まぼろしの名作絵本待望の再刊行!!」。まぼろしの名作というのはちょっと大げさかと思いますが、リブロポートで一九八四年に出たもののその後同社が消滅、長く絶版になっていたのは事実です。

『うたうしじみ』
児島 なおみ／作
偕成社　2005年
（初版／リブロポート 1984年）

リブロポート版も三〇年前に買って読み、繊細なタッチにすっかり心を奪われてしまいました。きっちり細部まで描きこんでいるのに全体としてとぼけた感じを残す不思議な画風がすてきでした。描いている道具はペンではなくてエンピツです。表紙以外は色はついていません。

偕成社版のカバーのそでに、著者が一部書き直しを加えたとありましたので、詳細に見較べてみましたが、ぼくの目では見極めがつきませんでした。印刷の際のインクの調合のかげんか偕成社版の方がスミが濃いような気もしますが……。エンピツ画というとたくみに陰影をつけて立体感を出すデッサン的手法が思い浮かぶかと思いますが、この本はそんなのじゃなく、強いていえばすごく腕のいい女流漫画家の素描という感じです。

ただしキャプションについては、八か所ほど異同がみつかりました。でも、いずれもちょっとした表現上の差異にすぎません。

■しじみがどうしても食べられない

まえがきが長くなりました。急いで絵本を開きましょう。

最初の見開きの左ページのキャプションはこうです。

あるところに、魔法使いが住んでおりました。

わかいころは、いたずらで、いじわるで、けんかばかりしていましたが、年のせいか、このところ、すっかりしょぼくれてしまいました。

そして右ページに、そのしょぼくれた魔法使いが描かれます。彼女は買い物の帰りのようで、左腕にかけた買いものかごからはネギがのぞいています。右手にはなにやら黒いつぶつぶが入ったビニール袋。どう見てもふつうのおばあさん、とても魔法使いには見えません。でも歩道にいる犬が不審気に見ているのに気づいて、彼女は用心深くそこを通りすぎます。

右手のビニール袋の中身は、次のページで明らかになります。彼女は飼い猫トラジとふたりぐらしなのですが、夕食にみそ汁にして食べようとしじみを買ってきたのでした。

ところがだしをとろうとかつおぶしをけずり、薬味のネギもきざんだのに、魔法使いにふと気の迷いが生じました。水をはったボールの中から、プチプチ、ゴソゴソと音がしてきたからです。

のぞいて見ると、うっすらと口をあけて、しじみたちが、いびきをかいてねています。そしてときどき小さなからだを、満足そうに動かしています。

こんなに安心しきってねているしじみたちを、たべてしまうのは残酷かしら、と魔法使いはおもいました。

しかし、飼いネコのトラジが、「同情したらあかんよ」というので、それもそうだとおもいました。

でも、どうしても魔法使いは決心がつきません。しじみは明日の晩に食べることにし、ふたりは実なしのみそ汁でがまんしました。

■しじみを海に返すために

次の日の夕方、魔法使いはまたかつおぶしをけずってだしをつくりました。ところがいびきをかいているしじみたちの安らかな寝顔をみると、どうしても煮えたぎっただしに入れるだんになると気おくれします。「どれ、かしてみい。わしがやってやるわ」と、トラジがたまりかねて、しじみののったざるを手にとりました。でも、トラジにも無理でした。「わしらはアホや」とトラジは舌うちしました。一体この先どんなことになるのだろう、と思いつつ、読者はこのあたりで自分のほほがゆるみはじめているのに気づきます。

その晩寝ている魔法使いのところにトラジが知らせに来ました。「なんやら、しじみたちがさわいでおるよ」

台所に行ってみると、しじみが魔法使いに聞きました。「ここは、どのあたりでしょう？　海なんでしょうか？　それとも河ですか？」「ここは、わたしの家ですよ」と魔法使いは答えます。海からも河からもうんとはなれたところなのだということがわかると、しじみたちは、ワーッとあぶくをたくさんだして、泣きはじめました。

ページをめくると、しじみの入ったボールをかかえたおばあさんに、トラジがこわい顔をしてかじりついている絵です。どうしたのでしょう。その絵の下のキャプションを読んで驚きました。なんと魔法使いはしじみたちに「おうちにつれてってあげる」と安請合いしてしまったのです。「かんたんにいうけど、どうやって、つれていくんですか？」とトラジはこわい声で魔法使いをつつきます。

そりゃ、魔法を使ってでしょと読者は思います。ほうきにのってどこへでもひとっ飛びというのが魔法使いの常套手段。ところがこの読者の期待はあっさり裏切られます。昔はそのとおりでしたが、いまではそのほうきもボロボロで使いものにならないのだそうです。

では、どうするか?

■「しじみを海へかえすぼきん」のてんまつ

ここからこの絵本、不思議な急展開をとげます。そして、ぼくはその急展開が大好き！　いつも涙をこぼして笑ってしまいます。ほうきがダメなら遠い海まで汽車に乗るしかないのですが、魔法使いの家にはそんな余分なお金などありません。そこでおばあさんとトラジは道ばたでお金を集めることにしました。「しじみをいえへかえすぼきんにごきょうりょくください」と手書きしたプラカードを持ち、胸にしじみたちの入ったボウルをかかえます。その足もとにネコがかごをおさえて座っています。でもだれひとり立ちどまってもくれません。ふたりはくたびれはてて階段のところに座ってやすみました。そのとき、「歌でもうたいますから、元気をだしてくださいな」としじみたちが申しわけなさそうにいい、静かに歌いはじめました。

あぶくがはじけるようなしじみたちのかわいい声に、通りすがりの人が足をとめ、聞き入りました。そして日がくれるころにはお金がだいぶ集まりました。ふたりはそれから毎日一か月の間街角に立ったので、とうとうお金が十分たまりました。

トラジはしじみのみんなにも一枚ずつきっぷを買ってやりました。食材なら手荷物でタダでしょうが、いまや、しじみたちはふたりの大切な友だちです。やっぱりここはちゃんと旅客運賃を払うべきなのです！

汽車は都会をはなれ、窓からは畑や山が見え、やがて海も見えてきました。魔法使いもトラジもしじみたちもはじめての汽車旅行をすっかり満喫しました。

浜辺につくと、ちょうど引き潮。魔法使いはしじみをひと粒ひと粒砂浜に置きました。トラジは泣きそうな顔でそれを見ています。しじみたちも胸がつまって、「ありがとう」も「さよなら」もいえません。

でもついにがまんできなくなっていちばん小さなしじみが叫びます。「おばあさん、トラジさん、ここでいっしょにくらしましょうよ。そうしたら毎日、おすきなだけ歌をうたいますから」

そして、ふたりは本当にそうしました。最終ページ、浜辺のデッキチェアでくつろぐふたりの肖像は最高です。サングラスも似合っていますしね。あっ、そうそう、気づいてみたら帰りの汽車賃のことすっかり忘れていたので、ふたりはここに居つくしかなかったのです。でも、みんなしあわせそうで、よかった、よかった！

『あのときすきになったよ』

■あじさいの季節に読む絵本

色とりどりのあじさいが咲き揃う季節になると、ぼくはつい絵本の棚からこの本を探し出してきて読み返したくなります。これは小学一年生の少女たちの〝友情のはじまり〟物語です。梅雨の晴れ間、青い空が見えた日などにぜひどうぞ。見上げた空に飛行機雲がのびていったりしたら最高です。

『あのときすきになったよ』
薫くみこ／さく
飯野和好／え
偕成社　1998年

絵本を開くと（めずらしくこの本のキャプションは縦書きなので右開きになっています）。扉にピンクや紫のあじさいを盛大にさした大きな花びんがポッンと描かれています。背景はただの白。そのせいか量感のあるあじさいが強く印象づけられます。

最初の見開きは小学校の木造校舎の教室の一部です。図工の時間らしく子どもたちがクレヨンで絵を描いています。添えられたキャプションを、ちょっと長いけれど写しておきましょう。

わたしのせきははじっこで、うしろのせきにしっこさんがいる。
ほんとは「きくちまりか」なんだけど、おしっこもらしてばっかりいるから「しっこ」ってなまえにされちゃった。
でも、わたしは「きくちさん」ってよぶ。ときどきこころの中で「しっこ」ってよぶけど……。
こころの中でいうのはだれにもきこえないからね。

廊下側のいちばんうしろが「しっこさん」。そのまえが「わたし」です。読者は、ふーん、こういう子のおはなしなのか、とまず物語の骨格を理解します。「わたし」はものおじせずに、まっすぐこっちを見ていますが、色白の「しっこさん」は窓の外を見ています。ついでに、彼女のとなりの、赤い自動車を描いている男の子のことも覚えておいてください。これがちょっとやんちゃなまことです。

■子どもの怒りの感動的な表現

入学当初の一年生は、お互いに様子を見ていて、すぐには仲よくなれません。「しっこ」なんてあだ名をつけられたきくちまりかは、いつも無口で怒ったみたいな顔をしていました。

ある日、休み時間にブランコのとりあいがもとで「わたし」は「しっこさん」とけんかをしてしまいます。両眼から涙をあふれさせ、ひとつブランコにむりやりすわって争うふたりの姿は、感動的でさえあります。けんかに感動するなんてちょっとヘンですけど、一年生が新しい環境で自分の場所を獲得しようと必死になっている、その一生懸命さがいい。飯野和好のパワフルな筆づかいと色彩が、少女たちの内面の緊迫感をみごとにとらえています。

次のページをめくると、燃えあがる炎の中に鬼のような「わたし」が描かれます。書き文字でこんな罵倒のことばが黒々と書き添えられます。「しっこのしっこたれ　うんこたれ　ぶたぶたのぶう　おにばばのはなくそ」。でもそのあと一行、活字で「わるくちがからだじゅうであばれまわった。」と書き加えられています。

――子どもの怒りをかくも率直に表現した例を、ぼくはほかに知りません。罵倒をそのまま口から吐き出さない緊張と節度、それで行き場を失っていっそう荒れ狂う内面の怒り。それにしても「おにばばのはなくそ」とはね！

■まことのばかが金魚を死なせて
ふたりの気持ちが急接近したのは、あのまことのおかげです。というのは……。


きんぎょがしんだ。

まことのばかがぎゅうにゅうをいれてしなせた。

「ごめんなさい、もうしません」

まことがあやまったら、しっこさんはいった。

「ごめんですめばけいさつはいらないよ」

せんせいはしっこさんをしかったけど、わたしは　なるほどね、とかんしんした。


立たされているまことのうしろの水槽の水は白濁していて、金魚が三匹口を水面に向けて直立の姿勢で浮いていいます。ふたりは金魚のお墓を作ります。次の画面で読者ははじめて「しっこさん」の笑顔を見ることができます。飛行機雲がのびていく青い空を見上げるおだやかな表情のふたりのすぐわきに、こんなキャプション。薫くみこさんて、悪口の天才かもしれません。


「まことのあたまを百かいたたいて、たんこぶだらけにしてやりたい」

しっこさんがいったから、わたしもいった。

「おへそにくうきいれをつっこんで、ぷーぷーふくらまして、アメリカまでとばしてやりたい」

しっこさんがわらった。

わたしもわらった。

空を見たら、ひこうきぐもがすーっとまっすぐのびていった。


頭にきたことを黙っていないで、はっきり口に出していった方が、気持ちいいです。そのことばに共感してくれる友だちがすぐそばにいてくれる場合は特に。

その日学校から帰るとき、小川をはさんでふたりは「おーい」「あしたねー」「ばいばーい」と大声で呼びかけあったのでした。でも、翌日目がさめたら熱が出ていて、「わたし」は学校には行けませんでした。入学以来の緊張が「しっこさん」との心の交流を得たことで一挙にほどけ、それが解放感になると共にちょっと疲れが出たのでしょう。

■「わたし」のピンチ、大胆な救出！

夕方、連絡帳が郵便受けに届きました。もちろん「しっこさん」からです。


かさまつゆいこだいじょぶですか　なんでかぜひいたですか　びょきなおしてはやくがっこにおいでください。

きくちまりかはつまらないですよ……

きゅうしくのぴいなつくりむあげます。

　　　　　　　　　　　　さようならきくちまりか

これは文章を書く手もおぼつかない少女の最初のラブレターです。

熱が下がり喜びいさんで登校したかさまつゆいこ（これが「わたし」の名前でした！）は、突然大ピンチに立たされます。音楽の時間「手をたたきましょう」をみんなで歌っているとき、おしっこがしたくなりました。

もうちょっともうちょっと、とがまんをしてうたっていたけれど、

「足ぶみしましょう」をしたとき、おしっこがでてしまった。

くつしたがぬれてく……。

うわばきもぬれてく……。

わたしは下をむいた。

どうしようどうしよう、とおもいながら、水たまりがひろがっていくのを　うごけないで見ていた。


この窮地を、意表をつく方法で救ったのは、まりかでした。


ザーッとうしろでおとがして、わたしの水たまりがながされた。

ふりむくと、しっこさんが、かびんをさかさにもってあじさいのまん中にたっていた。


すごいでしょう！　おもらし経験者としてまりかは、なんとしてもかさまつゆいこのピンチを救いたかったのです。それにしてもなんと大胆なふるまいでしょう。彼女は、先生に怒られても、廊下に出されても、黙っていました。どうしてあんなことをしたかは、永遠の秘密です。

口に出すのはもちろんのこと、心の中ででも、もう決してしっこさんなんていわない、と「わたし」は心に誓うのでした。

『チータカ・スーイ』

■絵本に酔っぱらう

作品の世界にすっかり心奪われ、読み終ってふとわれにかえるものの一種の酩酊状態からぬけきれず、またはじめから読み返さずにはいられない。そんな絵本にときどき出会います。絵本に酔っぱらうというのは、本当にしあわせな体験です。『チータカ・スーイ』は、そんな酔える絵本だと思います。

西村さんといえば、『にちよういち』（一九七九年　童心社）や『やこうれっしゃ』（一九八三年　福音館書店）など、生活感あふれるおびただしい登場人物を愛情深くていねいに描く作風で人気の高い作家です。一方『絵で見る　日本の歴史』（一九八五年　福音館書店）や『絵で読む　広島の原爆』（一九九五年　福音館書店）など、十分な考証の上に人も風景もディテールに至るまで克明に描きこみ、決して「教材」のようにはしない作品群にもぼくは尊敬の念を禁じ得ませんでした。

ところがこの『チータカ・スーイ』は感じが違うのです。こまかな描きこみはかわらないのですが、にもかかわらず全体として画面構成がゆったりしていてのびやかです。そして何より不思議なお話なのです。

■子どもの楽隊が町を行く

『チータカ・スーイ』
西村 繁男／さく
福音館書店　2006 年

ある夏の日、児童公園の大きな木の葉陰から子どもたちがぞろぞろ現われて、町中を行進していきます。バトンガールを先頭に八人の楽隊。大太鼓、小太鼓、クラリネット、トロンボーン、それにサックス、ホルン、トランペットを演奏しながら進んでいきます。それにつづくのは、竜神祭りなどで練り歩く作りものの竜。頭からしっぽまで九人の子どもが棒で支えています。さらにそのあとに二頭の獅子（一頭は虎のようです）がつづきます。一頭につきふたりの子どもが入っていて、足だけが見えます。竜の前には金の玉を長い棒で捧げる浴衣姿の女の子もいて、総勢二二人という行列です。これが住宅街、商店街を行進していくのですが、不思議なことに町行くおとなたちは全く関心を払いません。

どうやらこの一行はおとなの眼には見えず、楽器の音も聞こえないようなのです。行列を見てビックリしたり喜んだりしているのは、子どもとイヌとネコだけ。バイオリンのケースを持ったメガネの少年が途中から一行に加わって、楽隊に合わせてバイオリンを弾いたりします。彼には一行の姿もよく見え、音楽も聞き分けられているのでしょう。

子どもやイヌには見えるけれどおとなには見えない存在って、何でしょうか。確かフィリパ・ピアスのファンタジー『トムは真夜中の庭で』でも、現実ではない「真夜中の庭」ではトムの姿はハティ以外の人には見えず、イヌだけが怪しんで吠えていました。とすると、『チータカ・スーイ』の二二人の子どもたちも異次元の存在なのでしょうか。もっとも、ごくふつうの子どもでも、町の中でおとなたちの冷やかな無視にあっている今日この頃ですが。

■横目をつかう招き猫

やがて一行はピチクル堂という古道具屋の前にさしかかります。そして楽隊は派手に演奏しながら、竜のたくりながら、さも当然のことのようにお店に入っていきます。おじいさんとおばあさんが居眠りしている茶の間に上がりこみ奥座敷に進んでいきます。おもしろいのは部屋中にところせましと飾ってある人形や福助や招き猫やだるまなどの置物が、みな横目を使ったりして行列を興味深そうに見物していることです。おとなたちの無視と対照的に、強い好奇心を示すものたちを描き込む作者の心遣いと技量にぼくは感動します。絵本でもまた神は細部に宿るものなのでしょう。絵本好きの子どもたちは、決してこういう細部を見逃さないものです。

それと子どもたちが茶の間に上がりこむとき、全員ズック靴をぬぎ、ズボンのポケットにねじこんだり、ビニールの袋に入れて腰からぶらさげているのも目を引きました。姿が見えないのですから、多分足跡も残らないでしょう。でも、これって礼儀の問題ですよね。靴をぬいだあとはどの子も（途中からまぎれこんだバイオリン少年も）素足です。だれひとりソックスなんかはいていません。

■不思議なポーズの見開き

この絵本のキャプションはとっても簡潔です。

こどもがくだんがチータカチータカすすみます。（P2、14）
そのあとをりゅうがスーイスーイ。（P4）

スーイスーイとすすみます。（P6）
そのあとを2ひきのししがウォー、ガオー。（P8、18）
ウォーガオーとすすみます。（P10）
そのあとをりゅうがスーイスーイとすすみます。（P16）
そのあとをししがウォーガオーとすすみます。（P18）
チータカチータカ、スーイスーイ、ウォーガオーとすすみます。（P12～13、20）

（　）内に示したのは掲載ページです。行列の進み具合に合わせて画面は変化に富んでいるのに、キャプションは歌の文句のようにくり返されます。そこからは子どもたちの素性や行動目標などは一切読みとれません。絵本は絵を読むものなのですよね。

しかし、一行が大きな庭園に至ったとき、キャプションの流れがちょっとせきとめられます。「チータカチータカ、スーイスーイ、ウォーガオー。みんなそろってポーズをきめます。」

正面の池の岸辺に大きな松があり、その横にのびた太い枝に竜使いの子どもたちがならびます。その左右に二頭の獅子。まえの池に浮かべた二そうのボートに楽隊の面々が四人ずつ乗って演奏しています。バトンガールは竜が這う松の下の大きな石の上で指揮しています。全員勢揃いしたこの見開き画面に、ぼくは強くひきつけられました。ここには何かただならぬものの気配が描きこまれています。子どもたちは、だれにむかってポーズをとったのでしょうか。

■ついに一行は屋根の上に、そして

庭園を出た一行はさらに町中を進み、八雲堂という古本屋までやってきます。店先の百円均一の本の箱の前に、屋根までハシゴがかけてあります。子どもたちは何のためらいもなくそのハシゴを上っています。子どもたちのために予め用意されていたハシゴだったのかもしれません。

屋根づたいに一行はおとなりのまんじゅう屋、さらにその奥の屋根に進み、そこでひと休みです。子どもたちの手をはなれた竜と獅子は、作りものらしくグッタリしています（なんと仮眠中という感じで目を閉じてもいます！）。

ところがドドーンと打ち上げ花火が上がると（この日は町に貼ってあったポスターによれば〈大川花火大会〉なのでした）、それを合図に竜と獅子に子どもたちによるのではない本当のいのちが吹きこまれました。竜は金の玉を前足の爪でしっかりつかみ、二頭の獅子を背にのせて天空高く舞い上がります。

屋根の上で子どもたちは手を振り、楽隊は最後の演奏で竜たちを見送りました。古道具屋の店先から一行についてきていた赤い着物の人形も竜にまたがってうれしそうでした。これは竜や獅子に姿をかえていた神々を天空に送る「神送り」の儀礼だったのでしょうか。

あの庭園でのポーズは、そのことを前もって天にむかって告げるごあいさつだったのかもしれません。絵本の中のおとなじゃなくて本当によかった、とぼくは思いました。こんなすごいことにまるで気づかないで夏の一日をすごすなんて、もったいなさすぎます。あっ、でも気をつけなくては。いまも部屋の中を何かが通りすぎるかすかな気配が……。

『ルリユールおじさん』

■少女、ルリユールを探しまわる

題名のルリユールというのは、おじさんの名前ではありません。ひと言でいってしまえば製本、装幀を手作業で仕上げる職人のことです。この職人を幼い少女がパリの街を探しまわるところから、この絵本は始まります。

少女が大事にしていた植物図鑑がバラバラになってしまったのです。少女は五～六歳でしょうか。「こわれた本はどこへもっていけばいいの?」と公園を横切りながら呟きます。そして最初に行ったのは本屋さんでした。お店には新しい植物図鑑がいっぱいありましたが、でも少女は「この本をなおしたい」のです。

次に行ったのは、道端に本棚を置く古本屋。そこのおばさんに「ルリユールのところに行ってごらん」と教えてもらいます。でも、そのルリユールはどこに行けば会えるのかわかりません。しかし、裏通りをいくつも歩いた挙句やがて青いドアの小さな工房にたどり着きます。背のびして窓からのぞくと、何冊か古い本が立てかけられているのが見えました。

ここまでで十八ページ。でもこまかくいうと少女が描かれるのは七ページ（P4、6、8、10、13、14、17）だけです。見開きの反対

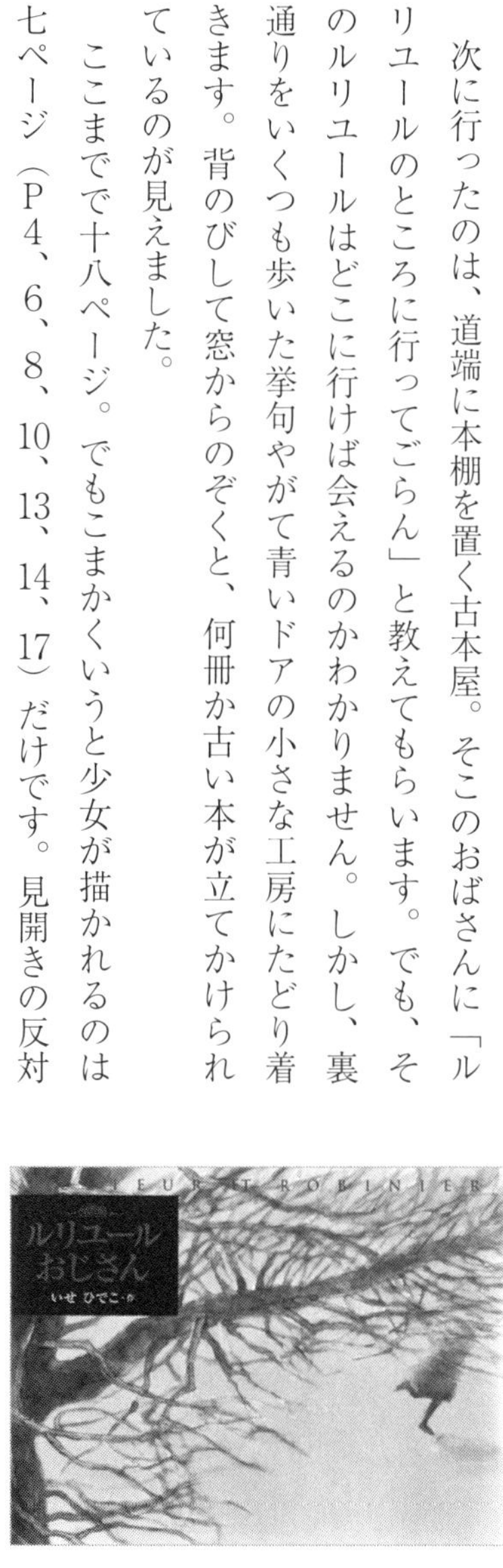

『ルリユールおじさん』
いせひでこ／作
講談社　2011年
（初版／理論社 2006年）

側（P5、7、9、11、12、15、16）には、ひとりの老人が描かれています。紺のコートを着て、同色のハンチングベレーをかぶっています。

十八ページに至って、読者はこの老人こそがルリユールおじさんであることに気づくのです。少女がのぞいている窓のある部屋のドアを開け、入っていきました。そのときそこではじめて出会ったのでした。

■風景の中のひとりひとり

この導入部は、まるで「ア・ボーイ・ミーツ・ア・ガール」のような構成です。どのページもパリの街が美しい水彩でいろどられ、公園も並木道も、カフェがならぶ大通りも、朝の光と空気でさわやかな印象を受けます。その風景の中で少女も老人も小さく描かれています。街の中でひとりひとりの人間のリアルなサイズはみな小さいのです。

老人は少女と無関係に彼自身の朝の日課をつづけます。郵便局に寄り、並木道では友だちにあいさつされ、カフェの前で立ち話をし、植木の世話をする人に声をかけ、そして工房に近づく頃、どこで買ったのか一本のバゲットを持っています。少女に会うまでは、いつもと変わらぬ朝だったのでしょう。

けれど工房に入って仕事机に向かおうとして、老人はふと気づきます。「おや、まだいる……」そこでドアをあけて少女に声をかけました。「はいってもいいの?」

少女は工房に入って、まず内部の乱雑ぶりにびっくりして声をあげます。「わあ、ぐちゃぐちゃ!」でも、老人には「なにがどこにあるか、みんなわかっとる」のです。散らかっているかそうでないかは、それぞれの生活の流儀によるのだ、ということが小さい女の子にはわからないのです。当然ですよね。

■少女が職人魂に火をつけた

工房の内部で話がすすむここからのページでは、少女も老人もしかるべき大きさで描かれ、表情もよくわかります。といっても、少女はともかく老人の表情はとても豊かとはいえません。はげあがった頭、高い鼻とメガネからは、職人らしい気難しさも感じられます。でも、この天真爛漫な少女のことを気に入ったようでした。それは何より彼女が持ち込んだ植物図鑑のせいでした。「こんなになるまで、よく読んだねえ。ようし、なんとかしてあげよう。」

老人は子どもだったとき、父の工房に入りびたりだったのでした。そこで父の仕事ぶりを見、ルリユールという手仕事をひとつひとつ覚えていったのでしょう。そういう息子に父はこういいました。「本には大事な知識や物語や人生や歴史がいっぱいいつまっている。それらをわすれないように、未来にむかって伝えていくのがルリユールの仕事なんだ。」

少女の植物図鑑を頑丈に作りなおすこと、それは本の内容を少女の未来につなげていくことにほかなりません。ベテランのルリユールの職人魂に火がつきました。

老人は、必要に応じて作業のあれこれを短く説明します。けれど本の修復をすっかり老人にまかせてしまった少女は、作業の手順などにはほとんど興味を示しません。ふたりの会話（といえるかどうか）を少し紹介しましょうか。

では、まず一度本をばらばらにしよう、とじなおすために。

「ルリユール」ということばには「もう一度つなげる」という意味もあるんだよ。

おじさん、アカシアの木すき？

この表紙はじゅうぶんにはたらいたね、あたらしくつくろう。

アカシアのハチミツっておいしいのよ。

以上は二五ページのキャプションの全文です。

職人は自分の仕事に即したことだけを話し、少女は大好きなアカシアのことばかり話します。一見ふたりの間にコミュニケーションが成立していないようにも見えます。でも、そうではないのです。老人は新しい表紙をつくる際、本文をばらしたとき取り分けておいたアカシアの絵のページを使ってくれたのです。少女のアカシアへの深い思い入れを、しっかり聞きとっていたのでしょう。

■やがて少女は植物学者に

表紙に用いる皮を裏から薄く削る微妙な作業を終えて仕事は一段落です。ふたりはパンを持って公園まで行きました。その道で、老人は自分の父親のことを話しました。少女と出会うことで、知らず知らず少女と同じくらいの年齢に戻っていて、それで改めてお父さんを思ったのかもしれません。

四六、四七ページには、この絵本の主題がみごとに示されます。左（P46）ページはセピアっぽい色づかいで、お父さんが背表紙を仕上げる作業をしています。となりでその父の手もとをじっくり見つめる少年がいます。

右（P47）ページは現在の老人が、少女の本の背表紙の作業に没頭しています。同じ構図のこの二枚の絵は、年老いたルリユールの半生を示しています。その間ずっとつづいてきた手仕事の重みも。左ページで少年は、「とうさんの手は魔法の手だね」といいます。そして右ページでは、「わたしも魔法の手をもてただろうか」。

ページをめくると次の見開きは深夜のパリの街。街灯だけがポッンポッンとうるんでいます。その中で、あの工房だけは灯がついています。老人はおそらく徹夜で植物図鑑の仕事を仕上げたのでしょう。新しい本のアカシアの表紙にはきのう別れぎわに聞いた少女の名を入れた「ソフィーの木たち（ARBRES de SOPHIE）」と金文字がきざまれていました。

翌朝、少女は植木鉢をかかえて、工房まで走ってきました。植木鉢には彼女が種から育てたアカシアの若芽が出ていました。新装なった愛読書をひらいてさっそく調べます。「この芽、やっぱりアカシアのなかまだ……」

ルリユールおじさんは、植木鉢をひざに置いたまま居眠りしています。本当に徹夜だったのですね。

最終ページ、公園の大きなアカシアの前に立つ若い女性のうしろ姿が描かれています。キャプションは一行。「おじさんのつくってくれた本は、一度とこわれることはなかった。そして私は、植物学の研究者になった。」

ついでにいえば、作者いせひでこさんは、その後『大きな木のような人』（二〇〇九年　講談社）という絵本を出しました。パリの植物園を舞台にしたこの作品に、ソフィーという名の職員が二ページにだけ登場しています。

『焼かれた魚』

■九〇年前の童話をもとにした二冊の絵本

「白い皿の上にのった焼かれた秋刀魚（さんま）は、たまらなく海が恋しくなりました。」という衝撃的な書き出しで始まる童話『焼かれた魚』（一九二五年）に絵をつけた二冊の絵本が、いま手元にあります。

一冊はパロル舎版で、絵（エッチング）は市川曜子。スミのほか青とセピアを用いただけのシンプルながら深い情感をたたえた装画がひかえめに本文を飾ります。そして、アーサー・ビナードによる英文も添えられています。

もう一冊は創風社版で、絵は新田基子。こちらは大判の見開きページいっぱいに迫力のあるリアルな絵がつづきます。

二冊ともテキストは小熊秀雄の作品を忠実に用い、安易な省略や書きかえは一切していません。ただし、旧かなは新かなになっています。小さなことですがパロル舎版は秋刀魚（さんま）としているのに対し、創風社版はさんまです。

童話の作者である小熊秀雄（一九〇一～一九四〇年）は、極貧の中、病躯をおしてもっとも果敢に抵抗の詩を書きつづけたプロレタリア詩人として知られています。わずか三九歳で療養もできぬまま結核で亡くな

『焼かれた魚―The Grilled Fish』
小熊 秀雄／文
市川 曜子／画
アーサー・ビナード／英訳
パロル舎　2006 年

『焼かれた魚』
小熊 秀雄／文
新田 基子／絵
創風社　1997 年

りました。

■行為こそ希望の代名詞

生前、序文もふくめて全て完成していた最後の詩集『流民詩集』が出版されたのは検閲から自由になった戦後（一九四七年）のことでした。その中から「馬車の出発の歌」を紹介したいと思います。創風社版の最終ページに掲載されていたのを写します。スペースの都合上、改行を減らしました（原詩は「／」のところで改行してあります）。

仮りに暗黒が／永遠に地球をとらえていようとも／権利はいつも／目覚めているだろう、
薔薇は闇の中で／まっくろに見えるだけだ、もし／陽がいっぺんに射したら
薔薇色であったことを証明するだろう／嘆きと苦しみは我々のもので／あの人々のものではない／まして喜びや感動がどうして／あの人々のものといえるだろう、
私は暗黒を知っているから／その向こうに明るみの／あることも信じている
君よ、拳を打ちつけて／火を求めるような努力にさえも／大きな意義をかんじてくれ
幾千の声は／くらがりの中で叫んでいる／空気はふるえ／窓の在りかを知る、／そこから糸口のように／光りと勝利をひきだすことができる
徒らに薔薇の傍にあって／沈黙をしているな／行為こそ希望の代名詞だ
君の感情は立派なムコだ／花嫁を迎えるために／馬車を支度しろ
いますぐ出発しろ／らっぱを突撃的に／

言論統制がきびしさを増す直前、小熊秀雄は十九編の童話を発表しています。「焼かれた魚」はその中の一編です。この原作は五千字あまりでそう長いものではありませんが、画面を分けて（創風社版では十一見開き）キャプションを配するとなると、かなり文字が多いのが気になります。

パロル舎版は、英文テキストもあるので四四ページも使っているのに見開きの絵は一枚しかなく、あとは童話の挿絵のように大小二〇枚ほどのエッチングが配されます。創風社版とパロル舎版とでは、画風も技法も対照的といっていいほど違うのですが、どちらもすばらしい出来です。

■焼かれた魚の望郷

前口上が長びきすぎました。串うたれて焼かれた秋刀魚の哀切な運命を読みすすめていきましょう。秋刀魚はもう身動きひとつできないのですが、「どうかしていま一度あの広々とした海に行って、なつかしい親兄妹に逢いたいというきもちでいっぱい」になり、皿のそばまで来て鼻をピクピクさせている飼い猫に身の上話をし、海まで連れていってと頼みます。猫は「お礼」を請求し、秋刀魚は運び賃として頬の肉を提供することにしました。しかし秋刀魚をくわえて走り出した猫は町はずれの橋の上で疲れはててしまい、頬肉を食べると逃げ帰ってしまいます。

そこからは若いドブネズミが、その次は野良犬が、それぞれ片身の肉をもらうのと引きかえに、海に向かって秋刀魚を運びます。野良犬が力つきたのは杉林でした。「夜なかに雨が降ってまいりました。骨ばかりになった秋刀魚はしみじみとその冷たさが身にしみました。」というキャプションのある創風社版の見開きはすごみがあります。闇に浮かぶ秋刀魚の白い顔と骨！

さらに二個の眼玉と引きかえに、カラスに海辺の丘まで運んでもらいました。そのあと、アリの行列が何日もかけて崖の上まで運んでくれたのでした。アリたちは何の報酬も求めませんでした。

この崖の下はすぐ真っ青な海になっていました。魚は海に帰れると思うと嬉しさで涙がとめどなく流れました。親切な蟻の兵隊さんになんべんも厚くお礼を言って、魚は崖の上から海に落ちました。

海水の塩がピリピリ骨にしみ、目が見えないのでどういうあてもないまま、秋刀魚は泳ぎまわりました。数日後魚の骨は岸に打ち上げられ、その上に白い砂が重く堆積し、大好きだった波の音ももう聞こえなくなりました。

■わが身にかえても求める自由

若き日の（「焼かれた魚」を発表したのは二三、四歳の新婚間もない頃でした）小熊秀雄が秋刀魚の痛切な望郷の思いに何を重ねていたのか、ぼくには正確にはわかりません。ただこの焼かれた魚のように、詩人が激しく、自由を求めていたことだけは確かです。秋刀魚は自分の大好きな海で思いきり泳ぎまわりたいと思いました。それは当然の願いであり、権利です。その自由のためなら自分のからださえ奪われてもいいと秋刀魚は考えたのです。

ふつう秋刀魚を焼くとき金串なんかうちませんよね。でも、身動きもできないほどの拘束が目の前に迫っている状況を示すために、小熊は金串をうたれて焼かれた魚を書いたのだ、とぼくは思います。小林多喜二が特高警察に虐殺され、その知らせを受けて友人宅にかけつけた小熊も逮捕される一九三三年の八年も前に、詩人はこれを予感していたのかも知れません。

この童話でもうひとつおもしろいところは、秋刀魚を海まで運ぶ動物たちのある種の公正さです。ただ働きしてくれるのは最後のアリたちだけですが、あとの動物たちも運び賃に見合う働きはほぼやりおおせたと思います。予想していたのより海は遠かったのですが、猫もドブネズミも野良犬も、精いっぱい力の限りをつくしたのでした。心ならずも途中で仕事を放棄せざるを得なかった彼らは、みんな面目なくて急いで逃げて行きます。だれひとり約束した以上の報酬をむしりとったりしないのです。こんなところにも小熊秀雄の清廉な性格が示されているようで、ぼくはうれしくなります。

『さがしています』

■ヒロシマの遺品十四点の写真

この本は十四枚の写真と、それぞれに添えられたアーサー・ビナードの詩によって構成されています。その十四枚の写真は何を写しとったものなのかというと、一九四五年八月六日午前八時十五分、広島に投下された原爆によっていのちを奪われた人たちの遺品なのです。広島平和記念資料館の地下収蔵庫にある二万一千点の中から選ばれた十四点を、岡倉禎志がベストの照明と構図でみごとに撮影しています。被写体の微妙な表情が、見る人に静かに伝わってくる、そんな写真です。
アーサー・ビナードは、被写体の壁時計や軍手や弁当箱などひとつひとつを見つめ、耳をそばだてます。そして、それらの「もの」たちはカタリベなのではないかと考え、その声なき声を聴きとり詩に書きました。
まず、そのひとつ十二歳のレイコちゃんが遺したお弁当箱の語るところを読んでください。

いただきます　いただきます
レイコという女の子は
ぼくのふたをぱかっとあけて
ごはんと豆をたべてくれるはずだった。

12さいのレイコちゃんはヒロシマの
たてものをこわすしごとを
毎日やらされていた
8月6日のあさげんばにいったら
ピカアアアアアッと光った。

ぼくはごはんをぎゅっとまもろうとした。

『さがしています』
アーサー・ビナード／作
岡倉 禎志／写真
童心社　2012 年

なのにネツがねじこんで
なかまで放射能はじわっと
しみてきたんだ。
もうごはんは
たべてはいけない。

それでもぼくはさがしているんだ。
レイコちゃんがいえなかった
「いただきます」を。

■カタリベのプロフィールも必読

まず写真を紹介すべきだったかもしれませんね。いまはもうほとんど見ないアルミ製の弁当箱です。ご飯や豆その他のおかずが箸をつけられぬまま、箱の中で茶色にひからび固まっています。箱のまわりはだいぶひしゃげていました。ふたには笹の葉の模様が押してあり、箸を入れるための斜めのくぼみもそのまま残っています。同じかたちのものをぼくも小学生のときに使っていました。

巻末の「この本のカタリベたちのプロフィール」を見ると、こう書いてありました。

この弁当箱の底の裏に「渡辺」という苗字が小さく刻んである。広島の市立第一高等女学校に入った渡辺玲子さんは、毎朝これを持って出かけた。ただ、学校より建物疎開の現場へ向かうことが多く、8月6日の朝も労働させられていた。爆心地から550mの現場だったが、玲子さんの遺体は見つからなかった。炭化したご飯と緑豆の入ったアルミの弁当箱だけが、8月7日に姉の桂子さんによって発見された。そもそも箱に針で苗字を刻んだのも桂子さんだった。

文中にある「建物疎開」とは、建物を安全な場所に移動することではありません。空襲によって起こるであろう大火災を防ぐために、ただただ家も店もこわしてしまうのです。その仕事を中学生たちは命じられていました。「軍手」を残して逝った浅野綜智くん（十二歳）も、「非常袋」を残した藤井満里子さん（十二歳）も、「革靴」を残した横田敏行くん（十四歳）も、学徒動員で建物疎開の作業中に被爆したのでした。

■日常的なくらしの断絶と破壊

アーサー・ビナードの詩は、カタリベたちの悲嘆や恨みや持ち主への追悼を聞きとろうとするものではありません。資料館の片隅に保管されながらも、過去より未来に向けて語ろうとします。

弁当箱は、決して食べてはいけないご飯を大事に守りながら「レイコちゃんがいえなかった『いただきます』を」いまなおさがしているのです。詩の中で時間が止まったかに見えますが、決してあともどりしてはいません。一瞬止まったかに見えるそのときから、時は歩みつづけます。

その日、爆心地から八〇〇メートルの解体現場で大やけどをした少年と奇跡の帰宅をはたした革靴は、いま、こう語ります。「あれからぼくらはまっている。『いってきます』をまっているんだ。」

「いただきます」も「ごちそうさま」も、「いってきます」も「ただいま」も、ごくふつうのあいさつです。

そのあいさつのことばを待ちつづけるカタリベたちは、日常の大切さをドキリとするほどの切実さで訴えています。日常そのもの、生活そのものを一瞬にして破壊しつくす残酷さと、それに対抗してさがしつづけ、待ちつづける心の働きの対照が胸をつきます。

■現在から未来にかけて担うべき課題

もしもいまにげなきゃ！
となったら
あなたはなにをもってにげる？

マリコという女の子はその
「もしも」のために
わたしをもちあるいていた。
非常食のいり豆とすこしのくすりと
ちいさい弟のためのおむつとかも
わたしのなかにつめておいたの。

格子縞の布で手作りした非常袋を肩からさげて出かけた八月六日の朝、でもその「もしも」のとき、もうにげることはできませんでした。カタリベはこうつづけます。

いり豆もくすりもおむつも
なにひとつまにあわない。
もしも
ウランからにげることができるとしたら
それははじけるまえに
とめるしかない……

「もしも」をわたしはさがしているの。

この詩にはカタリベの痛切な願いとともに詩人の意思をぼくは強く感じます。原爆（のみならず原発も）は爆発するまえに止めることしか被害をくいとめる道はないのです。そして、それは過去のことではなく現在から未来にかけてぼくたちが担いつづけねばならない課題です。
本の表紙になったカギ束の写真に添えられた詩にも同様の主題が示されます。このカギはアメリカ兵を収容していた中国憲兵隊指令部の独房のものです。指令部は爆心地から五〇〇メートルの位置にありました。憲兵たちも捕虜たちもひとしく即死でした。それでカタリベのカギたちはいうのです。

ひとをとじこめてなにになる？
ほんとうにとじこめなきゃならないのは

ウランじゃないか……
おれたちはやくめをさがしてるんだ。

十四点全部の写真にふれることができなくて申しわけない気持ちです。くり返しページをめくるうち被写体が単なるモノでなくなってしまいました。モノには違いないのだけれどモノにもたましいがあるように思えてなりません。写真がとらえているのはそのモノのたましいの表情なのではないでしょうか。

■『ここが家だ』のこと

話がちょっとそれますが、『ここが家だ　ベン・シャーンの第五福竜丸』（二〇〇六年　集英社）という絵本があります。第五福竜丸というのは、一九五四年三月、マーシャル群島ビキニ環礁でアメリカが行った水爆実験で被爆したマグロ漁船です。

二週間後に焼津に帰港しましたが、乗組員二三人全員が放射能におかされてしまいました。なかでも無線長の久保山愛吉さんの症状は重く、東京の病院に移りましたが、九月にお亡くなりになりました。

その久保山さんを主人公にしたベン・シャーンの連作画「ラッキー・ドラゴン・シリーズ」がこの本のもとになっているのだそうです。絵本として構成し、文章を書いたのは、ベン・シャーンと同じアメリカ人、アーサー・ビナードです。でも、これはアメリカで出版された本の翻訳ではありません。日本人の編集者によって構想され、準備されたもので、集英社版がオリジナルです。アーサー・ビナードって、なみの日本人より日本語が上手な詩人なのです。

『ここが家だ』というタイトルの「ここ」とは、ぼくたちがいまいるところです。船に乗れば船が家、まぐろたちにとっては海が家です。そして核兵器はそれらの家々を、つまりぼくらが生きているそれぞれの「ここ」を破壊し、汚染してしまう。

核の問題（だけじゃないけど）に関して、日本もアメリカもない。みんなが生きている「ここ」をそれぞれに、そして共同して大切にし、守っていかなくてはならないのです。

ぼくの一九五四年は中学三年生でした。ぼくがぼくとして自覚的に生きるようになった「めざめ」の年でした。五四、五五年、周囲の白眼視に耐えつつ、原水爆禁止の署名運動に熱中したのでした。

ぼくはこの本を読んで、もう一度中学生に戻りました。

アーサー・ビナードは書いています。「『久保山さんのことをわすれない』とひとびとはいった。けれどわすれるのをじっとまっているひとたちもいる。」

だからこそ、いま改めてぼくはわすれていないといおうと思うのです。

おわりに『ペドロの作文』

ケストナーの『動物会議』からはじめたこの本の最後の一冊は、一九七〇年代の軍事独裁下でひそかに執筆された『ペドロの作文』にしようと、ずいぶん前から決めていました。

一九七〇年代、南アメリカのチリで、この大陸初の社会主義政権が正当な選挙によって生まれました。しかし、そのアジェンデ政権は、アメリカのなりふりかまわぬ干渉（謀略と破壊活動）によってわずか三年で崩壊します。軍事クーデタで政権を奪取したピノチェトによる軍事独裁は、その後十五年もの間、チリの民衆を暴力的に支配しつづけました。この本の訳者宇野和美さんによれば、クーデタ後の一年間に思想弾圧によって殺害された人々は二万人、十五年あまり続いた独裁の間の亡命者は人口の一〇パーセントにあたる一〇〇万人ともいわれているそうです。

『ペドロの作文』も軍事独裁下のチリでは発表できず、ヨーロッパのいくつかの国で注目をあつめたのち、二〇年以上を経た一九九八年にようやくベネズエラで、今日ぼくたちも読めるようになった絵本のかたちで出版されました。

この本の時代背景をわかっていただきたくて、ちょっとくどい書き方になってしまいましたが、お許しく

『ペドロの作文』
アントニオ・スカルメタ／文
アルフォンソ・ルアーノ／絵
宇野 和美／訳
アリス館　2004 年
（原書初版 1998 年）

ださい。

この本の主人公ペドロはサッカー好きの九歳の男の子です。ペドロはある日学校で作文を書かされました。子どもたちにそう指示したのは先生ではなく、胸に勲章をつけた軍服姿の男でした。ロモ大尉と名乗るその軍人は、子どもたちにこう言います。

「作文の題は『わが家の夜のすごしかた』だ。諸君の家では、家族がみんな帰ってからどんなことをするかね。何の話をしたとか、だれが来たとか、テレビを見てどんなことをいったかとか。なんでもいい。自由に書きなさい」――これは明らかに「教育」を利用した諜報活動ですよね。子どもに両親や隣人をスパイさせようという魂胆です。

ペドロはその前日、仲よしのダニエルのパパが軍人に連れて行かれるのを見ました。仕事から帰ってきたパパは、そのことをもう知っていました。電話で聞いたのだそうです。だれもしゃべらないさびしい夕食のさなか、ママが突然泣き出しました。

このところ毎晩パパとママが熱心に聞いている雑音まじりのラジオに、その夜はペドロも耳を傾けました。「軍事独裁政権」ということばがはっきり聴き取れた瞬間、「ペドロは、ばらばらだったことが、頭の中でパズルのように、かちっとはまるのを感じた」のでした。そういえば一か月前くらいから、街中でやけに軍人の姿が目立ってきていました。

そして、ペドロは作文を書きました。入選すれば金メダルがもらえる。それを売って本物の革のサッカーボールを買おうなんて考えながら書いたペドロの作文は、二週間後、入選は逸したものの、「たいへんよく書けました」と添え書きされて返ってきました。

ペドロは両親の前でそれを読みます。読者もこのときはじめて作文の内容を知るのですが、パパやママと同じように緊張してしまいます。毎晩聞いている雑音まじりのラジオのことを書かなかったでしょうか。ときどき知り合いのおじさんたちが集まってきて、いっしょにラジオを聞いてたなんて、書かなかったでしょうか。

ちょっと長いですけれど、ペドロの作文の全文を写しておきましょう。


パパが仕事から帰ってくるとき、ぼくは、バスていまでむかえにいきます。

ママがうちにいるときは、パパが帰ると、お帰りなさい、今日はどうだった、とママがいいます。

よかったよ、きみはどうだった、とパパがいうと、あいかわらずよ、とママがいいます。

それから、ぼくは、外でサッカーをします。ぼくは、ヘディングシュートがすきです。

少しするとママが、ペドロ、帰っておいで、ごはんよ、とよびにきて、ぼくたちは、夕ごはんを食べます。

ぼくは、スープで、にがてなのがあるけれど、ほかのものは、なんでも食べられます。

それから、パパとママは、ソファーにすわってチェスをして、ぼくは宿題をします。

ぼくがねるまで、パパとママはずっとチェスをしています。それから……、
それからあとは、わかりません。ぼくは、ねてしまっているからです。

お願い　もし、この作文が入選したなら、しょう品は、ビニールのじゃない、サッカーボールにしてください。


大尉の指示で作文を書いたと息子から聞かされたとき、一瞬青ざめたパパとママは、作文を読み終わって

ペドロが顔をあげると、にこにこしていました。パパがいいます。「そうか、こんどチェスを買ってこなくちゃな」

読みなおすたび、胸を打たれます。九歳の少年のいかにも子どもらしい表現の背後に精いっぱいの両親への愛がこめられています。しかも決して権力のいいなりになんかならないといった決意さえも感じられます。

ぼくたちも、支配者の横暴にどんなかたちででも抵抗しなければならなくなる季節を迎えようとしています。例えば学校の式典などで「君が代」を歌わない子どもとその親が目をつけられる危険は、もうすぐそこに迫っています。

どうすればファシズムから子どもを守れるでしょうか。どうすれば子どもに守ってもらえるでしょうか。

あとがき

この本に収めた文章のほとんどは、「子どもの育ちと法制度を考える21世紀市民の会」の会報『子どもと法・21通信』に、二〇一一年から八年ほど連載させていただいたものです。場違いな連載にもかかわらず文句ひとついわず書きつづけさせていただけたことを心から感謝しております。

だれだって昔は子どもだったのだから、子どものことはおおよそのところわかっているつもりでいます。おとなになった自分に都合のいいように勝手に解釈し、その解釈を絶対的な真理であるかのように子どもに押しつける例も少なくありません。しかも、そういう押しつけは「子どものため」だといいはるのです。

かつて子どもであったとしても、いまの子どもたちのかかえる不安や屈託がかんたんに読みとれるわけではありません。子どものそばに立ち、ときには手をつないで寄りそい、心をかよわせることができなければ、子どものために何かできるなんてことはありっこないのです。

「子どものために」と意気込むより、肩から力を抜いて「子どもとともに」生きたい、とぼくは思っています。『動物会議』ではじまったこの本が『ペドロの作文』で終わるのは、いまぼくたちが子どもとともに生き抜かねばならない時代――ファシズム、環境汚染、その他容易でない困難が重層化している時代――のことを思うからです。

子どもの本の紹介本のあとがきに書くようなことじゃなかったですね。身の程知らずにもほどがある！　でも、とにかくこうして一冊にまとめていただけて本当にうれしいです。

子どもの未来社のみなさん、それに野上暁さん、編集・制作にあたってくれたプラス通信社の心やさしい四人の女性に心から感謝いたします。

みなさん、ありがとうございました。

二〇一九年十一月

斎藤次郎

斎藤次郎（さいとう　じろう）
1939年埼玉県生まれ。法政大学文学部卒業。子ども調査研究所所員をへて教育評論家。主な著書に『子どもたちの現在』（風媒社）、『気分は小学生』（岩波書店）、『手塚治虫がねがったこと』（岩波ジュニア新書）、『行きて帰りし物語』（日本エディタースクール出版部）など多数。

＊編集　プラス通信社（鈴木千佳子、平舘玲子、山田幸子、白土 章）
＊装丁　やまださちこ
＊装画　あかいあやこ

子どもの本の道しるべ

2019年12月3日　第1刷印刷
2019年12月3日　第1刷発行

著　者　斎藤次郎
発行者　奥川 隆
発行所　**子どもの未来社**
〒113-0033 東京都文京区本郷 3-26-1-4 F
TEL 03-3830-0027　FAX 03-3830-0028
E-mail：co-mirai@f8.dion.ne.jp
http://comirai.shop12.makeshop.jp/
振　替　00150-1-553485
印刷・製本　中央精版印刷株式会社

ISBN978-4-86412-162-0 C0095